# Arqueología de los Encuentros. Lo Inka y lo Local en el Pukara de las Lomas Verdes (Tafí del Valle, Prov. de Tucumán, República Argentina)

*South American Archaeology Series*
Edited by Andrés D. Izeta
No. 9

# Arqueología de los Encuentros. Lo Inka y lo Local en el Pukara de las Lomas Verdes (Tafí del Valle, Prov. de Tucumán, República Argentina)

## Claudio Javier Patané Aráoz

BAR International Series 2025
2009

Published in 2016 by
BAR Publishing, Oxford

BAR International Series 2025

South American Archaeology Series 9
*Arqueología de los Encuentros. Lo Inka y lo Local en el Pukara de las Lomas Verdes
(Tafí del Valle, Prov. de Tucumán, República Argentina)*

ISBN 978 1 4073 0465 6

© CJ Patané Aráoz and the Publisher 2009

Edited by Andrés D. Izeta

The author's moral rights under the 1988 UK Copyright,
Designs and Patents Act are hereby expressly asserted.

All rights reserved. No part of this work may be copied, reproduced, stored,
sold, distributed, scanned, saved in any form of digital format or transmitted
in any form digitally, without the written permission of the Publisher.

BAR Publishing is the trading name of British Archaeological Reports (Oxford) Ltd.
British Archaeological Reports was first incorporated in 1974 to publish the BAR
Series, International and British. In 1992 Hadrian Books Ltd became part of the BAR
group. This volume was originally published by John and Erica Hedges Ltd. in
conjunction with British Archaeological Reports (Oxford) Ltd / Hadrian Books Ltd,
the Series principal publisher, in 2009. This present volume is published by BAR
Publishing, 2016.

Printed in England

BAR titles are available from:

        BAR Publishing
        122 Banbury Rd, Oxford, OX2 7BP, UK
EMAIL  info@barpublishing.com
PHONE  +44 (0)1865 310431
FAX    +44 (0)1865 316916
        www.barpublishing.com

# Andrés D. Izeta
## Series Editor, South American Archaeology Series
## British Archaeological Reports International Series

El registro arqueológico de Sudamérica es de una muy alta diversidad. Esto se refleja no sólo en las diversas profundidades temporales de la exploración, colonización y ocupación de los más variados ecosistemas, sino también en la complejidad social alcanzada en diversos puntos del subcontinente.

Por ello es un grato placer la apertura de un espacio dentro de la serie internacional de British Archaeological Reports International Series (BAR) dedicada exclusivamente a la arqueología de Sudamérica. Esta serie, denominada South American Archaeology Series (SAmArSeries), tratará de integrar aquellos trabajos individuales o colectivos dentro un marco que permita mostrar las diferentes líneas de investigación que se están llevando a cabo en esta parte del mundo.

Un breve análisis de los libros publicados por BAR hasta Septiembre de 2007 da cuenta de un total de 45 títulos dedicados a la arqueología de Sudamérica. De ellos, 17 corresponden a autores sudamericanos. En cuanto a las tendencias temporales hemos observado que de los 17 títulos de autores locales al menos 10 se han publicado en los últimos tres años y corresponden a tesis de grado y de postgrado. Si bien la tendencia indica que los arqueólogos de la Argentina son los que mayormente se han sumado a esta iniciativa, la intención a través de esta propuesta, es tratar de integrar trabajos de todos los países que componen Sudamérica. Esta situación ha sido la base para plantear este nuevo ámbito en el cual el público internacional pueda tener acceso a una arqueología, que si bien no tiene nada que envidiar a la que se realiza en otras partes del planeta, esta siendo escasamente representada en cantidad de libros de carácter internacional publicados. Esto es especialmente importante cuando los medios tradicionales (más locales) de difusión de nuestra disciplina no poseen aun un elevado impacto dentro de los colegas no sudamericanos. Por ello, creemos que esta es una gran oportunidad para poder lograr una mayor visibilidad de nuestros resultados y de nuestro trabajo en general con el cual podamos aportar a la construcción de una disciplina que integre nuestra visión desde Sudamérica. Asimismo permitirá canalizar los intentos individuales que se han venido realizando en los últimos años.

BAR International Series South American Archaeology Series tiene la intención de publicar trabajos inéditos del área y que pueden incluir reportes de excavación, actas de Congresos, Jornadas, Simposios y los resultados de Tesis de grado o de Post-grado. Si bien los editores de BAR no imponen como requisito la evaluación de los trabajos, la presentación de un trabajo en las SAmArSeries implica la aceptación del envío del trabajo individual o colectivo a evaluar por pares externos. Esto significa que la SAmArSeries intenta ser un espacio editorial con referato con el fin de mantener una calidad mínima de los trabajos. Por ultimo, aquellos que deseen conocer mas acerca de la serie o que estén interesados en publicar deben contactar al Series Editor, quien mediara con BAR Publishing, los editores de BAR, en Oxford, Reino Unido. Las temáticas a incluirse pueden ser diversas pero deben ser apropiadas y de un estándar académico correcto (en algunos casos puede solicitarse a los autores el envío de un *curriculum vitae* con el fin de anexarlos a la evaluación del trabajo). El *Series Editor* se compromete a dar asistencia en aspectos técnicos del formato de las presentaciones y puede colaborar en la edición final del libro, si es necesario.

**Dr. Andrés D. Izeta**
**Series Editor - South American Archaeology Series**
**British Archaeological Reports International Series**
**CONICET – Museo de Antropología**
**FFyH - Universidad Nacional de Córdoba**
**Av. Hipólito Yrigoyen 174, 5000, Córdoba, Argentina**
**e-mail : androx71@gmail.com**

# Andrés D. Izeta
## Series Editor, South American Archaeology Series
## British Archaeological Reports International Series

The South American archaeological record is highly diverse and reflects the many different periods of exploration, colonization and effective occupation of numerous diverse ecosystems. Social complexity is also heterogeneous throughout the whole occupation history and regions. Given this situation, it is most welcome that British Archaeological Reports has created a series dedicated exclusively to the archaeology of this vast sub continent within its International Series. In the South American Archaeology Series (SAmArSeries) an attempt will be made to integrate individual and collective works within a framework that will exhibit the different perspectives used in this part of the world.

A look at the BAR catalogue (where there are in excess of 2000 titles) shows that relatively few titles are available on South American archaeology. Of a total of 45 books available until September 2007, only 17 were by South American researchers, and 10 published in the last 3 years. This representation contrasts with a situation where an increasing number of South American researchers are looking to publish their work in just such an international forum. Although, by circumstance, the SAmArSeries is starting with the work of Argentinean authors, it is very much intended for all South American researchers.

The commencement of the SAmArSeries within BAR gives us an opportunity to construct a new space where the international audience can look for information on any topic of South American archaeology. This is important because traditional, more local places of publication are often not available to non South American researchers. With SAmArSeries a great opportunity arises for heightening the academic visibility of the investigations made by what is a very active archaeological community.

The South American Archaeology Series of BAR is intended for publishing original work which may include excavation reports, museum catalogues, the proceedings of meetings, symposia and workshops, academic pieces of research, and doctoral theses

Those wishing to submit books for inclusion in the SAmArSeries should contact the Series Editor, who will mediate with BAR Publishing, the publishers of BAR, in Oxford, UK. The subject has to be appropriate and of the correct academic standard (*curriculum vitae* may be requested and books may be referred); instructions for formatting will be given, as necessary.

Dr. Andrés D. Izeta
**Series Editor - South American Archaeology Series**
**British Archaeological Reports International Series**
**CONICET – Museo de Antropología**
**FFyH - Universidad Nacional de Córdoba**
Av. Hipólito Yrigoyen 174, 5000, Córdoba, Argentina
e-mail : androx71@gmail.com

*Dedicado a,*

*Agustín, Bernardita, Micaela y Paula,
mis muy queridos sobrinos*

*A mi Familia,
permanente fuente de amor, apoyo e inspiración,
en cada paso de mi vida*

*A mis amigos y amigas,*

*A Nadine*

# INDICE

DEDICATORIA..................................................................................................................................i

INDICE............................................................................................................................................ii

AGRADECIMIENTOS.....................................................................................................................v

I. LO INKA Y LO LOCAL. HACIA UNA «ARQUEOLOGIA DE LOS ENCUENTROS». INTRODUCCION A ESTA TESIS.................................................................................................................................................1
   I.1 Introducción ............................................................................................................................1
   I.2 Naturaleza, lugar y materialidad: Bases para el estudio de un encuentro ................................1
   I.3 Objetivo de Estudio ..................................................................................................................2

II. DEFENDIENDO LA NATURALEZA DEL ENCUENTRO. NATIVOS E INKAS EN EL NOA.....................5
   II.1 Definiendo un encuentro .........................................................................................................5
   II.2 Imperios: Breve caracterización .............................................................................................5
   II.3 Dos caras de una misma moneda ............................................................................................6

III. LOS PUKARA. UN LUGAR ENTRE EL CIELO Y LA TIERRA..............................................................7
   III.1 Conflictos, Sinchis y Pukara en las fuentes históricas ..........................................................7
   III.1.1 Sobre Conflictos ..................................................................................................................7
   III.1.2 Sobre los Sinchis .................................................................................................................7
   III.1.3 Sobre los Pukara ..................................................................................................................7
   III.2 Conflictos y Pukara, tiempo y espacio ..................................................................................8
   III.3 «No culpes a la sequía, será que no se aman». Sobre causas y consecuencias de conflictos........9
   III.4. Los Pukara en el NOA.........................................................................................................10
   III.4.1 Los Pukara interpretados ..................................................................................................10
   III.4.2 Asentamiento, Conflictos y Pukara en los Desarrollos Regionales del NOA. Un donde y un por qué ...11
   III.4.3 Inkas: Fortalezas, Pukara, o ambos. Una última consideración .......................................12
   III.4.4 Inkas: Estrategias y fortalezas ...........................................................................................13
   III.4.5 Fortalezas Inkas en el NOA ..............................................................................................13
   III.4.6 Las fortalezas y los mitimaes para la guerra .....................................................................13
   III.4.7 Evidencias de reocupación y abandonos ..........................................................................14

IV. EL VALLE DE TAFI, INKAS LOCALES Y EL PUKARA DE LAS LOMAS VERDES. DELINEANDO ESTA INVESTIGACION....................................................................................................................17
   IV.1 Lo Inka y lo Local en un rincón del NOA ..........................................................................17
   IV.2 Arqueología en el Valle de Tafí ...........................................................................................17
   IV.3 Sobre el Tardío e Inkas en el Valle .....................................................................................18
   IV.4 ¿Pukara en el Valle de Tafí? ................................................................................................20

V. AREA DE INVESTIGACION. ANTECEDENTES.....................................................................................25
   V.1 Área de Investigación ...........................................................................................................25
   V.2 La Parte Baja ........................................................................................................................25
   V.3 La Parte Alta .........................................................................................................................26
   V.4 El Pukara de Las Lomas Verdes. Antecedentes ...................................................................28

VI. METODOLOGIA........................................................................................................................................31

VII. EL PUKARA DE LLAS LOMAS VERDES. ¿CAMINO AL CIELO? O ¿DURMIENDO CON EL ENEMIGO?......35
   VII.1 Caracterizando al Pukara de las Lomas Verdes .................................................................35
   VII.2 Sectorización del Sitio ........................................................................................................37
   Sector 1 (Ss-1) ..............................................................................................................................37
   Sector 2 (Ss-2) ..............................................................................................................................37
   Sector 3 (Ss-3) ..............................................................................................................................39
   Sector 4 (Ss-4) ..............................................................................................................................39
   Sector 5 (Ss-5) ..............................................................................................................................41

Sector 6 (Ss-6) ............................................................................................................................................. 41
VII.3 «Causa y Efecto». ¿A qué le debemos tantos materiales arqueológicos en superficie? ........................... 41
VII.4 Los materiales registrados en el sitio .................................................................................................... 44
VII.5 Las excavaciones .................................................................................................................................... 49
E18 ................................................................................................................................................................... 49
E15 ................................................................................................................................................................... 59
E10 ................................................................................................................................................................... 64
E9 ..................................................................................................................................................................... 73
E5 ..................................................................................................................................................................... 79

VIII. INTEGRACION D ELOS RESULTADOS Y DISCUSION................................................................... 91

IX. CONCLUSIONES...................................................................................................................................... 95

X. BIBLIOGRAFIA........................................................................................................................................... 99

ANEXOS
Anexo Fotografías ........................................................................................................................................... 105
Anexo Planillas ................................................................................................................................................ 113

# AGRADECIMIENTOS

Finalizar esta etapa de mi formación académica merece un profundo y especial agradecimiento a muchas personas, a los cuales por siempre estaré reconocido,

A mi Familia, a quienes les debo todo. Por su apoyo, interés en mis estudios, por estar siempre a mi lado

A Bárbara, Su apoyo y seguimiento a través de estos años hicieron posible que el análisis de este «encuentro» se materialice en este trabajo. Los numerosos días de trabajo vividos en Tafí han sido muy gratos en compañía de su familia

A la Escuela de Arqueología, un verdadero «Lugar del Encuentro». En donde pude conocer y disfrutar de la compañía de muchos amigos. Permítanme recordarlos con un… ¡Gracias totales! Mi agradecimiento también a los Docentes y personal no docente de la Escuela

A la Dirección de Antropología, mi casa matutina en «Cata» por tantos años. Mi especial agradecimiento al grupo humano con los que compartí hermosos días, han sido mi familia también

Al Dr. Axel Nielsen, por acceder tan gentilmente a co-dirigir esta tesis

A Leo Faryluk, mi hermano menor, más que un amigo. A su familia, Lidia y Ricardo

A Noelia Arteaga y familia, especialmente a Carmen

A Solange Páez y familia

A mis compañeros de Proyecto. Especialmente a Ceci Castellanos, «Popy» Ibáñez, Sonia Lanzelotti, Ana Leiva, Nadine Najle, Antonella Nagel, Sole Meléndez, Alejandra Perea, David Álvarez Candal, José Dlugosz, Leo Faryluk y Cristian Melian, por su amistad y muy buena predisposición en las diferentes campañas realizadas en el sitio

A los Dres. F. Acuto, E. Arkush, E. DeMarrais, C. Gifford y M. Pärssinen. Su colaboración con bibliografía ha sido de suma utilidad para la realización de esta investigación

Al Ing. Ariel del Viso, Lic. Emilio Villafañez, Lic. Andrés Barale y Leo Faryluk, por ayuda en la realización de gráficos y tablas

A los Dres. Patricia Escola, Néstor Kriskaustky, José Togo y Lic. Martín Orgaz, por su colaboración en el análisis de materiales.

Al Dr. Andrés Izeta, por su invitación a participar en esta prestigiosa Serie. De igual modo, mi sincero agradecimiento a Andrés por su muy amable dedicación de tiempo y paciencia en la edición de esta tesis.

 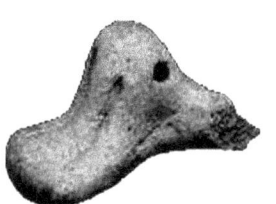

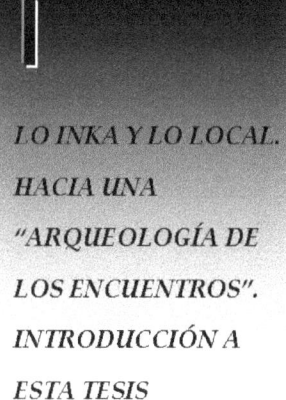

# LO INKA Y LO LOCAL. HACIA UNA "ARQUEOLOGÍA DE LOS ENCUENTROS". INTRODUCCIÓN A ESTA TESIS

## I.1 INTRODUCCION

La irrupción inkaica en el Noroeste Argentino (NOA), a principios del siglo XV d.C., produjo profundas transformaciones en su heterogéneo paisaje social. Aquella situación, moldeada en la naturaleza dinámica y de intersección de un encuentro multi-étnico sin precedentes, entabló una nueva experiencia en estos rincones. El análisis de las múltiples facetas que pudieron originarse, reproducirse o transformarse a causa de este encuentro, así como las vivencias de los actores involucrados, se constituye en un campo prometedor de investigación y análisis.

Existe un acuerdo general en que la invasión inka al NOA fue, en primer lugar, resultado de un rápido proceso de expansión a escala pan-regional (Raffino 1991, L. González 2000, entre otros). Se acentúa también que esta expansión generó profundos cambios a nivel regional (Lorandi 1992), dentro de un marco de reestructuración general y flexibilidad organizacional (Williams y D'Altroy 1998).

Aquellos arqueólogos que, principalmente a partir de la década del '70 del siglo pasado, se interesaran en el análisis del impacto de la conquista inkaica incrementaron notablemente nuestro conocimiento sobre las estrategias imperiales implementadas. Estos esfuerzos estuvieron dirigidos esencialmente en orden de desentrañar motivaciones económicas, administrativas o militares (Acuto 2004).

De acuerdo a esto, se determinó el grado de asimilación y/o conquista en relación a criterios que privilegiaron el registro en determinadas regiones de rasgos tecnológicos inkaicos «puros» (arquitectónicos, cerámicos o por la asociación de sitios con el camino inkaico) (González 1980, Raffino 1991, Raffino et al. 1979-1982, entre otros).

De este modo, trabajos de síntesis sugirieron que la modalidad de esta ocupación podría caracterizarse a través de marcos generales de explicación, y otras tantas en base a particularidades. Por ejemplo, la correspondencia de presencia/ausencia de elementos inkas en determinados lugares puede ser homologada proporcionalmente al grado de conquista (Raffino 1991). Que el despliegue estratégico de infraestructura, reasentamiento de poblaciones e intensificación económica fueron sinónimos de una política efectiva y flexible de ocupación (L. González 2000, Williams y D'Altroy 1998).

Dentro de esta línea, algunos autores evaluaron que región en particular adquirió relevancia para el imperio, dado un interés económico concreto (Sur del valle de Yocavil y Antofagasta de la Sierra [Prov. de Catamarca], inversión en el desarrollo de actividades mineras [González y Tarragó 2005, Olivera 1991]; Valle de Lerma [Prov. de Salta] control de prestaciones rotativas y redes de intercambio de productos (Mulvany 2003); interés en la obtención de mano de obra especializada [Lorandi 1980], entre otros).

Sin embargo, el análisis integral de este «encuentro» entre «lo inka» y «lo local», con sus diferentes matices y particularidades, permanece prácticamente como un campo de análisis desligado, tantas veces privilegiando el estudio casi exclusivo de «lo inka» en la región y muchas veces descuidando, o relegando, el análisis de las acciones-reacciones de las poblaciones locales.

En el que por cierto, tanto artefactos, arquitectura, estrategias, ideología, cosmovisión, de uno u otro lado, son vistos como cimientos patrimoniales propios y ajenos a la vez, antes que activos elementos utilizados en la (re) construcción del campo social.

## I.2 NATURALEZA, LUGAR Y MATERIALIDAD: BASES PARA EL ESTUDIO DE UN ENCUENTRO

Desde una perspectiva alternativa, se ha comenzado a argumentar que esta interacción estuvo estructurada dentro de una compleja y multidimensional esfera de tensiones y negociaciones (Gifford 2003).

Este renovado enfoque intenta subrayar que este encuentro no solo fue generador de cambios explicables por la imposición de alguien o algo. Eventualmente competencias y negociaciones pudieron ser convenientemente reorientadas en orden de sostener mutuas conveniencias que, en definitiva, valieron para reafirmar un status quo previo (González y Tarragó 2005).

En este esquema se reconoce a las poblaciones nativas como parte activa en este proceso de «encuentro multi-étnico». Captando las experiencias y vivencias locales dentro de una nueva situación y remarcando a sus expresiones materializadas como situacionales y estratégicas. Promoviendo así un abordaje desde lo «mutuo», no polarizado entre extremos estáticos de una misma situación (Gifford 2003, Mulvany 2003, Nielsen 1997).

Una propuesta de «arqueología de los encuentros» se inserta en esta dirección. Esencialmente reconoce la naturaleza heterogénea, dinámica y de intersección de un encuentro.

En mi investigación se propone considerar la articulación de diversas escalas de análisis. Me refiero a construir una reflexión que incluya explorar la «naturaleza», el «lugar» y la «materialidad», como elementos claves en la configuración de un encuentro.

Para ser más específico, un encuentro social puede tener su origen en múltiples causas, sean estas voluntarias, azarosas o forzadas, (comercio, intercambio, negociaciones, tensiones/desacuerdos o confrontaciones directas). Tanto intensidad, como duración de esta interacción, pueden verse condicionadas por la coyuntura del momento o por los intereses puestos en juego y sus consecuencias oscilar entre temporarias, neutras o generadoras de un cambio cultural radical.

Puede moverse desde un extremo de completa asimilación de uno de los sectores involucrados, con la pérdida de identidad como categoría social construida, o bien mantenerse esta categoría como forma de canalizar la interacción y mantener los límites sociales entre los grupos implicados. Puede confirmar las maneras de «hacer las cosas» o promover el surgimiento de una nueva forma de racionalidad social (Cornell y Fahlander 2007). Es una forma en las que dos o más historias confluyen en una nueva.

Siguiendo con esta línea, un «lugar» específico en el espacio contiene y es, a su vez, el escenario de intersección y desenvolvimiento de dos o más historias. De este modo, este lugar (o sitio), como escenario de «encuentro e interacción inmediato» reflejará a través de diferentes medios, distintos procesos en el flujo de las prácticas que se encuentran (cambios, continuidades o síntesis).

Este lugar, además, podría contener historias sobre lo «individual», reflejando aspiraciones, intenciones, reclamos, etc., tanto en la conformación de relaciones horizontales (con otros) o verticales (desigualdad).

En resumen, en mi análisis un sitio es un «lugar» que contiene su propia biografía (Kopytoff 1986), su propio orden sociocultural y principios organizativos, públicos o privados, construidos y/o transformados como parte de su trayectoria histórica.

Finalmente, la dimensión material es un aspecto central en el análisis arqueológico de un encuentro. En las prácticas sociales las personas interactúan tanto con otras personas como con sus objetos. Estos últimos no son solamente concebidos, manufacturados, usados (o intercambiados) con un fin «utilitario», pueden ser investidos con una gran carga de significado (Hodder 1982).

Las personas y sus objetos tienen su propia biografía, moldeadas y transformadas en relación mutua a través del tiempo, «… con el paso del tiempo, los movimientos y el cambio, la gente y los objetos se transforman constantemente, y estas transformaciones de las personas y de los objetos están relacionadas las unas con las otras.» (Gosden y Marshall 1999:144, mi traducción).

## I.3 OBJETIVO DE ESTUDIO

Siendo explícito el marco teórico propuesto, será objetivo principal de esta investigación efectuar un primer acercamiento al conocimiento de la «historia» de un sitio localizado en las montañas del Valle de Tafí (Prov. de Tucumán).

Este sitio, referido en la literatura arqueológica como «Pukara de las Lomas Verdes», conforma parte de un heterogéneo conjunto de yacimientos arqueológicos prehispánicos localizados sobre faldeos, cuchillas, mesadas, áreas cumbrales y quebradas del faldeo meridional de las Cumbres Calchaquíes, que bajan hacia el valle desde los 3000 msnm (Lanzelotti 2002, Manasse 2002a, 2003).

Los antecedentes de investigación en este sitio han sido por demás escasos hasta tiempos recientes, debiéndonos remitir a un único trabajo (Santillán de Andrés 1951). Aquella primera investigación resaltó el hallazgo de materiales Belén y Santamarianos, en el contexto de un sitio de funcionalidad netamente defensiva.

No obstante permanecer sin posteriores investigaciones, los resultados de aquel trabajo fueron utilizados por otros investigadores para insertar al sitio dentro de la dinámica de determinados modelos socio-políticos de alcance regional (Núñez Regueiro 1974, Núñez Atencio y Dillehay 1995).

Debió pasar un poco más de medio siglo hasta que el sitio fuera «re-descubierto». Nuestros primeros estudios, principalmente tareas de reconocimiento y de recolección superficial, ampliaron (y complejizaron) el conjunto de materiales culturales anteriormente referidos[1].

En definitiva, consideramos que la reconstrucción de la «historia» de este sitio debía ser profundizada y, principalmente, re-evaluada.

Con este fin, en esta investigación se desarrollaron diferentes estrategias de estudio tanto en trabajos de campo como de laboratorio. Estos trabajos tuvieron como objetivos realizar una caracterización del asentamiento, como también de los materiales culturales recuperados en aquellas tareas.

Finalmente, dado que la temática de estudio propuesta presenta implicancias a gran escala, tanto a nivel intrasitio como regional, pretendí que los resultados de esta investigación aporten primeras evaluaciones sobre los alcances de esta situación de contacto cultural entre «lo inka» y «lo local».

De igual modo, esperé generar renovadas inquietudes que conformarán una agenda de trabajo a implementarse posteriormente en el sitio.

**Notas**

[1] Las investigaciones arqueológicas en desarrollo en esta zona corresponden a los proyectos dirigidos por la Lic. Bárbara Manasse desde 1994 hasta la fecha.

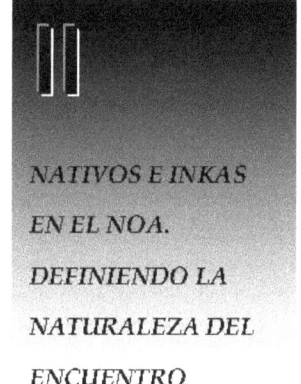

# NATIVOS E INKAS EN EL NOA. DEFINIENDO LA NATURALEZA DEL ENCUENTRO

## II.1 DEFINIENDO UN ENCUENTRO

Previamente argumenté que una situación de contacto puede estar condicionada básicamente por el contexto histórico del momento y por los intereses que se «encuentran». Estos condicionantes son el efecto de situaciones creadas y transformadas continuamente dentro de la dinámica y la complejidad propia de la coyuntura sociopolítica, económica e ideológica al interior de cada grupo.

Los que se encuentran, de esta manera, en la conformación del «quien eres», no solo reflejan su presente, sino también su historia.

Recientemente Gifford ha propuesto que el análisis sobre las transformaciones sociales ocurridas por el encuentro entre un estado expansionista (inka) y las poblaciones locales del NOA sea explorado bajo el marco conceptual de un «contacto cultural». Ciertamente un encuentro expresado dentro de un contexto de imperialismo y colonialismo (Gifford 2003).

Desde esta perspectiva se pretende reconocer, no solo las características propias de la expansión-consolidación imperial inka y la imposición de su administración colonial, sino también indagar sobre las posibles respuestas (negociaciones, resistencias, cooperación o ajuste) de las poblaciones conquistadas (Gifford 2003). Siendo esta una posición también sostenida en reiteradas ocasiones por D'Altroy, recalcando que para determinar la naturaleza del contacto cultural hacia el interior del imperio se debe alcanzar un equilibrio en el análisis de intereses y acciones de ambos lados del encuentro (D'Altroy 2002, D'Altroy y Schreiber 2004).

En un sentido amplio, una situación de contacto cultural se define por el encuentro entre grupos de personas que no comparten una misma identidad, pudiendo entablarse entre estos grupos diferentes tipos de relaciones, por un tiempo indefinido. Esta heterogeneidad de relaciones puede repercutir en diferentes formas de interacción (intercambio, integración, colonialismo, imperialismo, diásporas, etc.) (Silliman 2005).

Situaciones de encuentro cultural responden principalmente al propio dinamismo social humano, así es que fuera notado que «no hay tal cosa como una cultura aislada, todas las formas culturales están en contacto con las demás. El contacto cultural es un hecho humano básico» (Gosden 2004: 5, mi traducción). De esta manera, las demarcaciones sociopolíticas creadas (límites o fronteras) no permanecen como situaciones fijas o estancas, siendo esperables escenarios de interrelación, cooperación, competición o conflictos entre representaciones identitarias, tanto como en la articulación de diferentes poderes (Cornell y Stenborg 2004).

Precisamente, en el caso de encuentro entre sociedades con diferentes grados de complejidad sociopolítica, esta interacción estará impactada por las estructuras de poder que entran en juego. Cusik ha planteado que, en determinadas oportunidades, un contacto cultural puede ser «una predisposición de grupos para interactuar con otros…. y querer controlar esa interacción» (Cusik 1998:4, mi traducción).

En este mismo sentido, aquella sociedad que alcanza un control efectivo sobre otras, a través de diferentes medios, se la define como imperio y el efecto de su política en los territorios conquistados como colonialismo (Jacobs 1996). Siguiendo con esta idea de articulación entre contacto cultural y poder es que «… lo que diferencia al colonialismo de otros tipos de contacto es la disputa por el de poder» (Gossden 2004:5, mi traducción).

## II.2 IMPERIOS: BREVE CARACTERIZACIÓN

Los imperios antiguos han merecido un considerable interés en el campo de las ciencias sociales. Historiadores, antropólogos sociales, arqueólogos etc., realizaron importantes progresos en este campo a través de la propuesta de diferentes modelos heurísticos con el fin de abordar la «naturaleza» (organización, expansión y colapso) de los imperios, así como también, sobre el impacto de su política en áreas conquistadas[1].

Aquellos investigadores interesados en esta temática modelaron la enorme complejidad de los procesos imperiales en términos que permiten su caracterización y comparación (Schreiber 1987, Sinopoli 1994, Smith y Montiel 2001).

Según Sinopoli, «Los Imperios son sociedades política y geográficamente expansivas, compuestas por una diversidad de comunidades y grupos étnicos localizados, cada una de ellas contribuyendo con sus únicas tradiciones históricas y sociales, económicas y políticas…….. [Se conceptualiza a] los imperios como una clase de estado territorialmente expansivo e incorporativo, incluyendo relaciones en las que un estado ejerce control sobre otras entidades sociopolíticas (e.g. estados, jefaturas, sociedades no estratificadas), e Imperialismo como el proceso de creación y mantenimiento de imperios» (Sinopoli 1994:159-160, mi traducción).

Entre los aportes más significativos de estas propuestas fue reconocer que los imperios no responden en su proceso histórico, como entidades monolíticas. Cada imperio se va moldeando históricamente a medida que se edifica y consolida, comportándose como complejos sistemas en su organización y desarrollo. De esta manera, los imperios pasarían por con una serie de etapas, (a) expansión territorial (conquista e incorporación), (b) consolidación (creación y definición de las relaciones de control y dependencia entre centro político y territorios conquistados), (c) colapso. (Sinopoli 1994).

De igual manera, se reconoció que «la naturaleza específica de una expansión imperial debe ser entendida como un producto del contexto cultural particular e histórico en la que ese estado se desarrolla» (Stanish 1997:196, mi traducción).

Estos estudios sostienen que los imperios antiguos se caracterizaban por una alta centralización, su alta variabilidad interna y diversidad en la aplicación de sus políticas en la consolidación y control de territorios conquistados. Las particularidades relacionadas a la incorporación territorial a estos imperios, su control y el establecimiento de jerarquías administrativas dependían, por mencionar algunas de múltiples variables, de la estructura organizativa de las diferentes sociedades conquistadas, el grado de hostilidad enfrentado, tipos de recursos en el área, distancia al núcleo, etc. (Schreiber 1987).

De igual modo, fue reconocido que el desenvolvimiento del imperio inkaico no descansó solamente en la aplicación de estrategias militares tendientes a la concentración-extracción de recursos o manejo de personas. Aspectos ideológicos y/o cosmológicos, en sus diferentes manifestaciones, sirvieron como argumento que legitimó su expansión y justificaron la concentración de nuevo poder y riqueza (Acuto 2004, Conrad y Demarest 1984, DeMarrais et al. 1996).

## II.3 DOS CARAS DE UNA MISMA MONEDA

Resultados obtenidos de estudios realizados en diferentes regiones que formaron parte del Tawantinsuyu enfatizan que el éxito en el proceso de consolidación imperial en las provincias se produjo principalmente por alcanzar un adecuado balance entre el despliegue de sus estrategias geopolíticas y las circunstancias locales (Bauer 1992, D'Altroy 1992, Pärssinen 2003).

Como fuera mencionado en reiteradas ocasiones en las crónicas y demás documentos españoles, los inkas en su proceso expansivo no encontraron comunidades que ofrecieran respuestas pasivas o indiferentes. Es que se notó que el devenir sociopolítico en la periferia del imperio fuera el producto de intenciones locales como también de la imposición de la sociedad que se convirtió en dominante (Gifford 2003).

En este mismo sentido es que D'Altroy centró sus críticas a los modelos más utilizados en arqueología para entender los procesos imperiales. Este investigador sostiene que existe un marcado énfasis hacia, (a) el estudio de las intenciones y acciones de la elite dominante, (b) la creencia general de un centro complejo y una periferia no desarrollada, (c) énfasis en un poder exclusivo de la sociedad dominante (D'Altroy 2002).

En resumen, estas últimas observaciones no niegan o descartan la importancia de analizar procesos globales como el imperialismo-colonialismo y sus consecuencias. El caso de la expansión inkaica, continúa siendo naturalmente un tema de mucho interés y debate, pero ha sido continuamente encarado desde una perspectiva a «macroescala» y, fundamentalmente, desde la representación del colonizador.

Lo que se viene a subrayar es que en este proceso imperial la relación entre lo global, lo regional, y lo local se articula primero a nivel local. Debiéndose prestar renovada atención a la forma en que las vivencias y experiencias pudieron haber mantenido vigencia en una nueva situación social. Es que la capacidad de los actores locales de influir en su realidad no ha recibido la suficiente atención, ni en trabajos de campo o aún en lo teórico-metodológico (Cornell y Galle 2004).

Aquellos que nos interesamos en el encuentro inka-local en el NOA debemos comenzar a re-significar el «guión» de esta parte de nuestra historia. Como ya fuera explicitado, emprender esta tarea requiere contemplar y reconsiderar matices y respuestas en el ámbito local de esta expansión. Expansión que fuera modelada y transformada a diferentes niveles de relaciones.

**Notas**

[1] Por ejemplo, los modelos de Wallerstein (1974) de «world systems» y D'Altroy (1992) «control territorial y hegemónico».

# LOS PUKARA. UN LUGAR ENTRE EL CIELO Y LA TIERRA

Memorias y tradiciones orales de diversas regiones andinas, que sobrevivieran en numerosos documentos españoles de las primeras épocas de la conquista, describieron los siglos previos a la expansión inkaica como períodos de frecuentes conflictos entre diferentes señoríos.

Aquellas épocas, que fueran mencionadas en los escritos de Guamán Poma (1980 [1615]1:52) como «*aucaruna*», han sido la edad de los guerreros, tiempos de conflictos (ver Figura III.2). En la arqueología del NOA, al igual que para otras regiones del área andina, el indicador arqueológico usualmente referido a estos momentos de beligerancia es la proliferación de «*cercados de pared en el cerro más alto*», mencionados tantas veces en las fuentes históricas como «pukara».

Ahora bien, ¿qué es un pukara? Una definición general con la que podríamos responder esta pregunta sería, (a) asentamientos que tienen como común denominador el emplazamiento en lugares elevados (alto de cerros, morros, espolones de cimas, etc.), (b) posición estratégica (buena visión del entono, control de rutas, etc.), por lo general con accesos muy restringidos (vías de acceso únicos) y, en determinados casos, (c) con construcciones defensivas (murallas, troneras, etc.) levantadas en el lugar más vulnerable.

## III.1 CONFLICTOS, SINCHIS Y PUKARA EN LAS FUENTES HISTÓRICAS
### IIII.1.1 SOBRE CONFLICTOS

El registro de historias orales nativas sobre situaciones previas a la conquista inka señalaron, consistentemente, la existencia de crónicos conflictos intergrupales.

*«Hacíanse continua guerra unos pueblos a otros por causas muy livianas, cuativandose y matándose con extraordinaria crueldad. Las ocaciones más frecuentes de sus contiendas eran quitarse unos a otros el agua y el campo»* (Cobo 1964 [1653, Lib. XII, cap. I]:II58, en Gil García 2005:203) *«y cada indio vivia sobre si sin obedecer a nadye y que como tenyan guerras unos indios con otros y unos pueblos con otros»*(Toledo 1940 [1570]:18, en D'Altroy 1987:95) *«se poblauan los yndios en serros y altos por ser ellos muy fuertes y brabos, que todo su trauajo erar guerrear y uenserse unos con otros y quitarse todo cuanto tienen en aquel tiempo»* (Poma de Ayala 1987 [1615, f.66:62], en Gil García 2005:202)

### III.1.2 SOBRE LOS SINCHIS

En este contexto de pugnas permanentes, en donde todo era «*guerrear entre ellos*», emergieron líderes poderosos, jefes guerreros o *sinchis*. Ejemplos de lo mencionado son abundantes en las fuentes históricas. Los informantes de la población Wanka (Sur de las Sierras Centrales de Perú), expresaron a los españoles que sus líderes en tiempos pre-imperiales fueron jefes guerreros o *sinchis*. De igual manera, según Sarmiento (1943 [1572]), el líder más poderoso de los Collas del lago Titicaca, Chuchi Capac o Colla Capac, fue un *sinchi*.

Estos líderes eran escogidos por consenso popular, actuando solo como cabecillas temporarios, reteniendo su poder solo en tiempos de guerra. Al tiempo que batallaban entre ellos por el dominio político y económico de diferentes áreas (Arkush 2005:130-143, D'Altroy 1987:82-84, 2002:247).

*«.... Quando avia algun onbre valiente que entreellos se señalava al qual llamavan cinchecona quea que quiere decir «ahora es este valiente» los que poco podian se acoxian a él e el pueblo que tenya guerras con otro y dezian «este es valiente que nos defiende de nuestros enemigos obedescámosle» y ansy le obededescian y que no auia otra manera de señorío ny gouierno sine hera este»* (Toledo 1940 [1570]:18, en D'Altroy 1987:95)

### III.1.3 SOBRE LOS PUKARA

Esta época de tensiones, de marcada territorialidad y de líderes valerosos, es también el tiempo de los pukara. Según lo expresado en los diccionarios más antiguos (Bertonio 1986 [1612]), «pukara» es un término quechua y aymara, transcripto como «fortaleza», «fuerte» o «castillo» (ver Figura III.1).

En las narraciones recogidas por los españoles se menciona que muchas poblaciones estuvieron fuertemente relacionadas a sus pukara. Estos «lugares» fueron aludidos como fortalezas o refugios de poblaciones en lo alto de cerros o montañas, utilizados en caso de conflictos entre parcialidades, o bien para hacer frente al avance de las tropas inkas. Son numerosos también los recuentos de las fortalezas inkas que se construían a medida que el estado se expandía, como así también el uso posterior de los pukara en las rebeliones indígenas contra los españoles. «... *de sus pueblos de tierra baja se fueron a poblarse en altos y serros y peñas..... y comenzaron hacer fortalezas que ellos les llamaban pucara. edificaron las paredes y cercos y dentro de ellas casas y excondidas y pozos para sacar agua de donde bevían y comensaron a rreñir y batalla y mucha guerra y mortanza con su señor y rrey, brabos capitanes y ballentes y animosos y peleuaron... y auía mucha muerte.... y se quitauan a sus mugeres y hijos y sus sementeras y chacaras y asecyas de agua y pastos y fueron muy crueles que se rrobaron sus haziendas, rropa, cobre y hasta llcualle las piedras de moler.....*» (Guamán Poma Ayala 1980 [1615]).

«... *por los cerros y collados altos tenían sus castillos y fortalezas, desde donde, por causas muy livianas, salían a darse guerra unos a otros, y se mataban y cautivaban todos los mas que podían*» (Cieza de León 1984 [1533, cap. XXXVIII]:181-182, en Gil García,2005:203).

«*en el cerro mas cercano a cada pueblo, en lo más alto, tenían un cercado de pared*» (Quipocamayos [1542-1544] 1920:21, en Williams 2002-2005:184).

«*hay en este valle de yocavil unos 20 pueblos todos ellos con un pukara que los protege y donde se acorralan cuando se los acomete, siendo la mejor guerra que puede hacérseles talar sus chacáras y sementeras*» (Alonso de Abad 1575, en Raffino 1991:163).

«... [en el valle calchaquí] *cada pueblo tiene su fuerte que lo resguarda. Sus armas son arcos y flechas; pero las mayores son sus pechos obstinados y unidos contra los españoles..... No pelean en lo llano porque ordinariamente salen desbaratados y vencidos. Por eso tiene sus pueblos en asperezas de cerros y riscos, en cuyos altos amontonan muchas piedras y galgas que arrojan a sus contrarios cuando los acometen* « (Informes de los gobernadores Cabrera y Figueroa 1662, en Williams 2002-2005).

Una última referencia reflejaría en pocas palabras lo que he tratado de especificar hasta aquí, «*los cuales dichos indios pacaxes dijeron los indios antiguos haber tenido su origen, unos de la una parte de la laguna de chucuito y otros de hacia la parte de los carangas, de donde salieron y poblaron en esta provincia en los cerros mas altos que hay en ella; y vivian a manera de behetria, sin reconocer señorio a nadie, sin pagar tributo, porque todo era traer guerra unos con otros, y el que más valiente y sabio era entre ellos, ese los mandaba y reconoscian por señor*» (Mercado de Peñaloza 1585-1589 1885:61, en Pärssinen 2005:103).

### III.2 CONFLICTOS Y PUKARA, TIEMPO Y ESPACIO

La persistencia de frecuentes guerras y situaciones conflictivas han afectado y moldeado en gran medida el desarrollo prehispánico en los andes, particularmente durante el periodo denominado Desarrollos Regionales (DR) o Intermedio Tardío (PIT). Aunque fue notado que, paradójicamente, las evidencias materiales como así también causas y consecuencias de estos conflictos, han sido poco discutidos o aún negadas por muchos arqueólogos (Arkush y Stanish 2005, Lambert 2002:208).

Un indicativo particular de estas situaciones son los asentamientos localizados en posiciones estratégicas, con

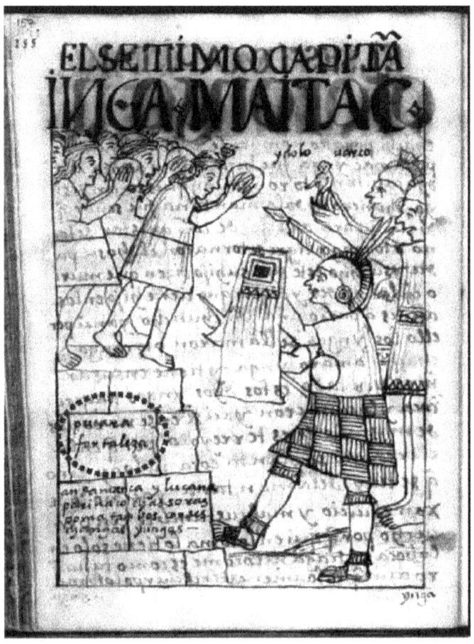

Figura III.1. Tomada de las crónicas de Guaman Poma (1615). Nótese en el circulo en rojo la mención de «pucará = fortaleza» para el lugar que defiende una población local en contra de las tropas inkas del Séptimo Capitán Inga Maitac

Figura III.2. Tomada de las crónicas de Guaman Poma (1615). Se hace referencia a la época de «*Aucaruna*», tiempos de permanentes conflictos interétnicos previos a la expansión del imperio inkaico. Nótese, hacia la izquierda, la mención de «pucara» para el sitio que defiende una población bajo ataque.

fines defensivos. Estos se hallan ampliamente distribuidos hacia ambas márgenes de los andes, desde el Sur de Ecuador hasta el centro de Chile y Argentina (ver revisión en Arkush 2005 sobre evidencias de conflictos en amplias regiones de los Andes).

Sin embargo, sitios defensivos o fortalezas también han sido registrados en momentos anteriores a que fueran «la regla». Al igual que en tiempos posteriores, estos sitios defensivos se emplazaron en muchas regiones de los andes, particularmente en Perú. Algunos de los ejemplos más notorios son, la fortaleza de Chankillo (valle de Casma) del Horizonte Temprano, localizada en la cima de un cerro.

Si bien este sitio pudo haber tenido funciones ceremoniales, se encuentra rodeado por tres robustas murallas concéntricas, cuenta también con otras evidencias de fines defensivos (piedras arrojadizas) (Ghezzi 2004).

Sitios amurallados aparecen también desde épocas tempranas en la costa Norte de Perú. Durante el Periodo Intermedio Temprano, los Moche construyeron sitios protegidos en la parte alta de los cerros (Figueroa y Hayashida 2004). Topic y Topic, basados en sucesivos estudios sistemáticos en el valle de Moche (Norte de Perú), han planteado dos secuencias en el desarrollo de fortificaciones para el Periodo Intermedio Temprano (500.C. al 500 d.C.) (Topic y Topic 1978). Según estos autores, en este periodo existieron marcados cambios en el patrón de asentamiento con tendencia hacia la aglutinación de poblaciones en lugares fortificados, entre ellos Marca Huamachuco, desde el 300 d.C. (Topic y Topic 1987). Sus estudios han encontrado respaldo en estudios anteriores de Willey (1953) sobre el patrón de asentamiento en el valle de Virú, que presenta un similar incremento en fortificaciones dentro de cultura Gallinazo (PI Temprano).

Hacia al Sur, en la región Colla de la cuenca del lago Titicaca, Arkush (2005) ha detectado sitios defensivos construidos en el Formativo medio y tardío. Ellos son, el Calvario de Asillo, P36 y P 37 que, según la autora, fueran edificados como respuesta de los grupos locales a una invasión Tiwanaku.

En la zona de Copiapó (Región de Atacama, Norte de Chile) Niemeyer (1998) ha manifestado la existencia de dos sitios defensivos o pukara, Puntilla Blanca y Quebrada Seca, que según el autor pertenecerían al «Complejo Las Animas de Copiapo» (*ca.* 700-1000 d.C.).

### III.3 *«NO CULPES A LA SEQUÍA, SERÁ QUE NO SE AMAN»*. SOBRE CAUSAS Y CONSECUENCIAS DE CONFLICTOS

Ahora bien, ¿cuál(es) ha sido la razón que desencadenara una situación de «*continua guerra unos pueblos a otros, .... alzamiento y contradicción que tenían entre ellos* « y que «*de sus pueblos de tierra baja se fueron a poblarse en altos y serros y peñas.....*» durante el PIT?.

Hasta tiempos recientes una de las explicaciones comúnmente explicitadas era que la caída de Wari y Tiwanaku, o Aguada en el NOA, (800/900 al 1050-1100 d.C.) dio lugar a un posterior momento de descentralización política. En este escenario de fragmentación sociopolítica a escala macroegional, las sociedades emergentes entablaron conflictos por tierras, recursos, y tal vez status, que en definitiva derivó en la agregación de poblaciones en lugares elevados en el terreno para su defensa (ver revisión de estos planteos en Arkush 2005, para NOA ver Nielsen 2001, Ruiz y Albeck 1997, Tarragó 2000).

Esta propuesta ha comenzado a ser recientemente revisada y reformulada. Sosteniendo que la descentralización política, luego de Tiwanaku y Wari, fue una precondición, más no la única (o principal) causa en la intensificación de conflictos durante el PIT.

En este sentido, recientes investigaciones arqueológicas en diversas regiones de los andes advierten, sugerentemente, una concurrencia temporal en la construcción y uso de sitios defensivos. Como veremos a continuación, lo mencionado se produciría hacia mediados del siglo XIII d.C., unos 200 años después de la caída de Tiwanaku.

En el valle de Carahuarazo (Perú), Schreiber ha manifestado que durante la fase Toqsa (*ca.* 800- 1200 d.C.), momentos casi inmediatos a la caída de Wari, esta región evidencia conflictos crecientes.

En esta época se edifican numerosos sitios en posiciones defensivas, entre ellos la fortaleza Toqsa que, según la autora, pudo ser refugio en caso de amenazas externas (Schreiber 1987). De igual manera, un incremento similar en las construcciones de índole defensivas, hacia el siglo XIII y XIV, fue notado en distintas regiones del altiplano Peruano-Boliviano.

Arkush, en su trabajo doctoral realizado en el NO de la cuenca del lago Titicaca, refiere a una «explosión» en construcción y uso de pukara del señorío Colla. Basada en numerosos fechados radiocarbónicos obtenidos en sitios defensivos, esta autora propone que la mayoría de los pukara en su área de investigación estuvieron en uso principalmente entre 1275 al 1400 d.C. Evidenciando un alto nivel de conflictos regionales, pero no relacionados a la caída de Tiwanaku (Arkush 2005).

Por otra parte, Owen (1995) registró en el drenaje Osmore (costa Sur de Perú) períodos alternados de conflictos-armonía. En un primer periodo, Tumilaca (950-1200 d.C.), las evidencias de sitios defensivos son escasas. Pero es principalmente durante la tercera fase, Estuquiña (1200-1475 d.C.), en que los sitios, casi sin excepción, tienden a concentrase en lo alto de la montañas, conformando ellos «virtuales fortalezas». Siendo interpretado esto como reflejo de una mayor situación de conflicto regional, luego de un corto periodo de aparente «armonía».

En Caquiaviri, (Pacasa, Bolivia) también fueron registradas evidencias de conflictos. Pärssinen ha registrado dos sitios defensivos, Pucarpata y Ticoniri (Pärssinen 2005). Sus trabajos en Pucarpata han aportado evidencia de una ocupación breve para este sitio defensivo, pero fundamentalmente le han permitido obtener fechados, que lo ubica hacia finales del siglo del XIII.

No lejos de las últimas regiones mencionadas, en el Norte de Lipez (Potosí, altiplano Sur de Bolivia), se reitera el mismo patrón. Los recientes estudios de Nielsen en la región le permitieron plantear la concurrencia de diversos cambios, sintomáticos de un incremento en situaciones de conflictos. Según este autor, existiría entre finales de 1200 y 1400 d.C., una mayor preocupación por protección y defensa, evidenciada por un cambio en los lugares de emplazamiento (ocupándose lugares altos en el terreno con construcciones defensivas), cambios en los diseño de sitios, como así también cambios tecnológicos (puntas de proyectiles más grandes) (Nielsen 2002).

Un poco más hacia el Sur, en la Quebrada de Humahuaca (NO Argentino), este último autor notó también un incremento en las evidencias de mayor conflictividad hacia la segunda mitad de los Desarrollos Regionales, entre los siglos XIII y XIV (Nielsen 2001). Las evidencias propuestas han sido, un marcado abandono de la mayoría de los sitios ocupados anteriormente, tendencia hacia la concentración de poblaciones en sitios defensivos amurallados, registro de una mayor proporción de cuerpos mutilados, además de incremento en la proporción de puntas de proyectil (Nielsen 2001).

En concreto, lo que se desprende de esta breve revisión es la posibilidad de una correspondencia cronológico-espacial en las manifestaciones de mayor situación de conflictos, reflejada principalmente en la construcción-uso casi sincrónica de sitios defensivos en la región cicumpuneña. Como hemos visto, esto es particularmente concurrente hacia principios y mitad del siglo XIII d.C. En este sentido, el aporte de varios de estos autores ha sido remarcar una correlación positiva entre intensos conflictos (p.e. más pukara) y cambios climáticos a gran escala, hacia el 1200-1300 d.C.

Estos autores hicieron eco de estudios paleoambientales realizados en Perú y Bolivia. Análisis de acumulación de hielo en los glaciares de Quelccaya y Huacarán (Thompson et al. 1985) y en muestras de sedimentos lacustres del lago Wiñaymarka (Abott et al. 1997) y Titicaca (Binford et al. 1997) han venido a sostener un profundo y persistente cambio climático desde el siglo XI d.C., acrecentado hacia 1250-1310 d.C., con picos de sequías y aridez.

En definitiva, se ha comenzado a sostener que por causa y efecto de estos cambios climáticos se habrían desencadenado situaciones de reacomodación social y económica, básicamente por la competencia de zonas aptas económicamente. Aún más, como fuera sugerido por Arkush (2005:330), las situaciones de conflicto parecerían extenderse en el tiempo una vez aminorados los efectos negativos de las inclemencias climáticas.

Posiblemente esta recurrencia fuera resultado de una reformulación o recreación de mecanismos previamente implementados para la resolución de contradicciones internas y externas a los grupos, en la que individuos o grupos que habrían acumulado poder durante los tiempos de conflictos perpetúan (por medio de su manipulación) las competencias como un escenario propicio para la legitimación del poder alcanzado (Nielsen 2002:201).

### III.4. LOS PUKARA EN EL NOA
### III.4.1 LOS PUKARA INTEPRETADOS

En la arqueología del NO Argentino, al menos desde mi perspectiva, existen actualmente tres formas de abordar el tratamiento de los asentamientos defensivos. Por un lado, algunos arqueólogos enfatizan una aparente ambigüedad terminológica, ya sea por parte de los propios arqueólogos, o bien, en el uso popular del término. Esta ambigüedad, sería el resultado de categorizar como «pukara» a un conjunto heterogéneo de sitios, que tendrían como común denominador el emplazamiento en lugares elevados, estratégicos y de difícil acceso.

Para ellos sería necesario distinguir claramente entre, (a) asentamientos residenciales con propiedades defensivas, dadas las ventajas que ofrece la fragosidad del terreno elegido para el asentamiento, que en determinados casos contarían con la protección de murallas. Estos sitios defensivos corresponderían a momentos preinkaicos.

Por otra parte, (b) otros sitios defensivos, «verdaderos» pukara (fortalezas en sentido estricto), habrían sido edificados con fines estrictamente militares, rodeados por murallas, con el agregado de otras estructuras relacionadas a fines defensivos (torreones, troneras, banquetas, etc.). Serían sitios de ocupación transitoria, que corresponden a construcciones planificadas y edificadas por los inkas (Raffino 1991, Ruiz y Albeck 1997, Olivera 1991, ver también Gil García 2005, Nielsen 2002). Otra opción, dentro de esta misma perspectiva, sería la formulada por Madrazzo y Ottonello (1966), quienes desecharon el uso del término «pukara», por su imprecisión y ambigüedad. Por lo que ellos han preferido un cambio terminológico, pasando a denominar como «*conglomerado con defensa*» a este tipo de construcciones defensivas.

Otros arqueólogos mantienen un punto de vista sobre los sitios defensivos que podría estimar como «*conservador*», atendiendo principalmente a las menciones que ya hemos repasado en los documentos históricos. Desde esta perspectiva, aquellos sitios que se ajustan a aquella definición de uso general que hemos visto anteriormente, son denominados indiferenciadamente como «pukara», sin que esto implique realizar diferenciaciones cronológicas, funcionales o «tecnológicas» entre ellos (e.g. Williams 2002-2005).

Finalmente, una perspectiva alternativa fue brindada recientemente por Tarragó (2000, Tarragó y González 2004) Para esta autora, si bien los pukara ocupan un lugar elevado en el terreno desde el cual se brindaría protección de espacios económicos, su concepción estaría relacionada a la recreación de paisajes vivos y simbólicos. Estos pukara serían un lugar desde el cual las poblaciones andinas habrían alcanzado una relación formal entre los antepasados y la fertilidad de las tierras de sembríos o chacras («pachamama»), constituyéndose así en una metáfora del pasado.

### III.4.2 ASENTAMIENTO, CONFLICTOS Y PUKARA EN LOS DESARROLLOS REGIONALES DEL NOA. UN DONDE Y UN POR QUÉ

Las evidencias materiales sobre las cuales la arqueología basa principalmente sus interpretaciones sobre situaciones relacionadas a violencia y conflictos recaen principalmente en datos sobre, sistemas de asentamientos con fines defensivos, iconografía guerrera, registro de heridas por causas violentas en restos esqueletales y diferentes tipos de armas (Lambert 2002:209 y ss., LeBlanc 1999, entre otros). De estas evidencias, para los DR en el NOA usualmente son referidas las dos primeras. Iconografía con figuras de guerreros aparecen tanto en representaciones realizadas sobre cerámica o en arte rupestre. En la cerámica Santamariana se han personificado personajes «guerreros» con grandes escudos o tacados. También se han registrado figuras de guerreros portando escudos protectores (pukara de Rinconada [Prov. de Jujuy] y en Carahuasi [Prov. de Salta]) o figuras humanas con tocados en forma de tumi, un adorno ampliamente difundido entre sociedades guerreras de la época (Coconta [Prov. de La Rioja]) (Tarragó 2000). En la Quebrada de Humahuaca las representaciones de emblemas guerreros, enfrentamientos entre individuos y armas aparecen para la segunda mitad de los DR (1200-1430 d.C.) (Nielsen 2001). Aunque los sitios defensivos son el sinónimo casi obligado sobre la existencia de conflictos endémicos para los DR del NOA, constituyéndose también aquí como la «regla antes que la excepción».

Uno de los rasgos distintivos usualmente mencionados para los DR ha sido un marcado incremento demográfico y la agregación de poblaciones en grandes centros poblados, alcanzando en algunos casos un trazado concentrado de alta densidad edilicia, conformando verdaderos conglomerados (Madrazo y Ottonello 1966).

Este ha sido, desde hace ya varias décadas, un tema que concentra interés de estudio. El incremento de estas investigaciones, a nivel local o regional, no solo ha permitido ampliar (o refinar) las categorías tipológicas-funcionales relacionadas a sitios, también han dado lugar a distintas consideraciones sobre la estructuración en las prácticas de asentamiento, la percepción, manejo o apropiación del espacio y las relaciones entre distintas poblaciones, todo ello como reflejo de organización territorial (Madrazzo y Otonello 1966, Nastri 1998, Raffino 1991).

En este sentido, se han expuesto regularidades y diferencias en la organización territorial de los señoríos de esta época. El estudio de asentamientos, su distribución, articulación local y regional han dado lugar a consideraciones sobre complejización social interna o principios ideológicos en el uso del paisaje construido (Tarragó y González 2004); procesos sintomáticos de cambio en la historia ocupacional de un área, donde pueden ser visualizadas sucesivas etapas de redistribución espacial de las poblaciones como extremos de una variación continua y sus relaciones con la evolución política en la región (Nielsen 2001); la presencia de un centro poblacional que actuara como cabecera de señorío, participando como eje articulador dentro de una misma esfera de red de interacción interregional (Cigliano y Raffino 1973) y la existencia de sistemas de asentamientos con sitios relacionados de manera jerárquica, actuando entre ellos de manera complementaria (Tarragó 1987, Nastri 1998).

Estas propuestas contienen, por lo general, con un factor común de referencia, lo que Tarragó (2000) ha denominado «unidad mínima» de asentamiento, me refiero a los sitios ya mencionados, los pukara[1].

Ahora bien, podemos rescatar algunos aspectos relevantes sobre los pukara en el NOA, (a) la «permanencia en servicio» de las fortalezas a través de los siglos. Los sitios defensivos habrían sido erigidos principalmente desde los DR, algunos más han sido edificados con la llegada de los inkas (al mismo tiempo que estos reocupaban otros), su reutilización por las poblaciones indígenas como bastiones defensivos contra las represiones españolas entre 1561 y 1659 d.C. (Raffino 1991), (b) aparentemente, durante los DR, cada señorío o parcialidad en el NOA pudo haber tenido su(s) pukara, ciertamente a causa de situaciones persistentes de conflicto, competencias y/o alianzas (Tarragó 2000), (c) articulación casi constante de pukara-pueblo en lo bajo y otras evidencias que lo relacionan dentro de sistemas de jerarquización de sitios, (d) el contraste de muchos pukara registrados en diferentes regiones, con la relativa escasez de otras evidencias de conflicto (traumas esqueletales, armas, etc.)[2].

Sobre esta última síntesis varios son los ejemplos que podemos mencionar, en el valle Calchaquí se han registrado una serie de núcleos importantes de población que combinan pukara con poblados en lo bajo. En el extremo Norte del valle Calchaquí once núcleos importantes de población habrían combinado pukara con poblados bajos, entre ellos Fuerte Alto de la Poma, Pukara de Palermo, Cachi Adentro, El Churcal, Angastaco (Tarragó 2000, Williams 2002-5).

Para el valle de Santa María se han propuesto catorce núcleos, cada uno con su pukara. Entre ellos, Tolombón, Quilmes, Fuerte Quemado, Las Mojarras y Rincón Chico (Tarragó 2000). En la puna Norte de Jujuy, el pukara de Sorcuyo o Tucute, protegiendo al pueblo viejo de Tucute, y el pukara de Rinconada que controlaba los asentamientos bajos de Yoscaba y el sitio homónimo (Ruiz y Albeck 1997). En la provincia de la Rioja, la fortaleza del Cerro el Toro, con la población de Rincón del Toro en la parte baja (Callegari 2004). En el valle de Hualfín, la fortaleza de Azampay protegiendo poblados en lo bajo (Sempé 2006).

Por otro lado, según fuentes históricas, cada grupo étnico habría tenido su(s) pukara en expresión de su control territorial. Los Tolombones, en el valle de Santa María, controlaban cinco fuertes (Williams 2002-5).

En el valle Calchaquí medio, la parcialidad de los Taquingastas o Tacuiles habría tenido 12 pukara (Cigliano y Raffino 1975). Relacionado a lo mencionado arriba es que se notó que los pukara estarían localizados en zonas claves, tanto en regiones limítrofes entre parcialidades, como así también en aquellos lugares estratégicos de control de rutas y tráfico.

Hacia el extremo meridional del valle de Santa Maria, la estratégica fortaleza de Cerro Mendocino habría controlado la entrada al valle ante una eventual penetración de otras sociedades, así también como cerraba la frontera de las entidades santamarianas (Tarragó 2000).

Por otra parte, en el sector Norte del valle de Santa Maria, la localización del pukara de Tolombón habría formalizado la frontera Norte entre yocaviles y calchaquíes (Williams 2002-5). Los resultados obtenidos por Baldini en sus investigaciones en el valle calchaquí medio le han permitido sostener que la evidencia de sitios defensivos en los DR es exigua en comparación con otras regiones[3]. Esto también fue notado por Ruiz y Albeck (1997) para la puna Norte de Jujuy. Estos se localizarían principalmente en relación al control de vías de comunicación interregionales, y a la demarcación de territorios (en límites con la región puneña) (Baldini 2004).

También para esta región, Williams ha propuesto que el pukara de la Angostura habría sido posiblemente un marcador territorial de una frontera interna (Williams 2002-2005).

Acuto sostiene que durante los DR se habría conformado una frontera étnica entre las poblaciones del valle Calchaquí norte-medio y el extremo norte, debido a un ambiente de persistentes relaciones conflictivas. Según su propuesta, las poblaciones del valle alchaquí Norte-medio habrían construido tres sitios defensivos (pukara de Palermo, Antiguo Alto Palermo y Cortaderas Alto) en lugares estratégicos, principalmente como una línea defensiva para bloquear y controlar el paso hacia el interior de su territorio (Acuto 2004).

Ruiz y Albeck (1997) han propuesto que los pukara en la región puneña de Jujuy estarían relacionados a situaciones de quiebre social de orden local, luego de la caída de Tiwanaku. Los grupos emergentes a ese colapso habrían entrado en competencia por las antiguas redes de comercio manejados por Tiwanaku a través del tráfico caravanero. En este contexto, algunos grupos establecieron sus pukara (Rinconada y Sorcuyo) como medida de protección y control.

Sempé sostiene que la localización de sitios defensivos de Belén, fuera de su área núcleo, nos estaría señalando su asociación a expansiones territoriales. En este sentido, «......la difusión de los poblados defensivos conglomerados Belén no llega más al Sur del límite de Catamarca y los hallazgos aislados Belén en La Rioja, en las localidades de Sunchal y Villa Castelo, son indicios fuertes para considerar que hubo una tendencia expansiva frustrada.» (Sempé 1999:255)

Para finalizar, los fechados obtenidos en sitios defensivos del NOA son muy escasos[4]. De igual manera, no contamos con suficientes trabajos que hayan articulado datos paleoambientales y arqueológicos que nos permitan, al igual que en el altiplano Peruano-Boliviano, formular algún tipo de correlación (si es que lo hubiese) en el surgimiento de los sitios defensivos con cambios climáticos.

### III.4.3 INKAS: FORTALEZAS, PUKARA…. O AMBOS. UNA ÚLTIMA CONSIDERACION

Anteriormente referí a que algunos investigadores del NOA sostienen la necesidad de mantener una clara y taxativa división tipológica-cronológica en cuanto a las fortalezas o pukara. Es por ello que considero necesario retomar, aunque sea brevemente, una anterior discusión.

Arkush y Stanish (2005:7) notaron que las especulaciones arqueológicas sobre las «fortalezas» en los andes están «salpicadas» muchas veces por imágenes de castillos o fuertes europeos, de igual modo que (explicita o implícitamente) por el grado-calidad de tecnología militar empleada en las situaciones de conflictos.

Este tipo de razonamiento es lo que, en definitiva, nos lleva a establecer una separación cronológica-cultural en los sitios defensivos del NOA (inka, «pukara verdaderos» [Raffino 1991], «sensu stricto» [Ruiz y Albeck 1997] vs. pukara preinckaicos «rudimentario», «latu sensu»). Es así que se sostiene que los sitios defensivos de poblaciones locales (pre-inkas) no contaban con tecnología militar sofisticada o especializada (troneras, torreones, banquetas, etc.), «*un simple reducto defensivo natural, pergeñado <u>rudimentariamente</u> durante los Desarrollos Regionales, se <u>especializa</u> por remodelaciones -retroalimentación- en tiempos inkas…*» (Raffino 1991:209, énfasis mío) Aunque ciertamente «*…… Sin embargo, las fortificaciones [prehispánicas] no necesitan lucir como aquellas ciudadelas del viejo mundo [o inkas] para ser efectivas*» (Arkush y Stanish 2005:7, traducción y agregados míos)

Como bien ha notado Hyslop, muchas de las características de fortalezas y estrategias militares inkas no son «inventos» suyos sino que, más bien, serían en realidad una adecuación de la amplia (y previa) experiencia y tecnología militar andina («*auca runa*») a las circunstancias de su expansión imperial (Hyslop 1990, ver ejemplo en Gentile 1991-92).

Ya hemos visto en páginas anteriores que las crónicas son específicas en cuanto a un origen anterior a los inkas de las fortalezas, como así también pruebas desde lo arqueológico. Existe mención también en las fuentes históricas sobre que los jefes militares inkas copiaban en moldes de arcilla el diseño de las fortalezas locales que iban a conquistar (Hyslop 1990). Un último dato más, aún no se detectó en el valle de Cuzco, para momentos del surgimiento del Estado, fortalezas «puras» que permita sostener la «sofisticación tecnológica» que indudablemente tienen algunas fortalezas inkas, como el Pukara de Aconquija (ver Hyslop 1990:182-190; Kriscautzky 2002-4:161-178), pero lejos del Cuzco.

Es mi entender que la ambigüedad terminológica, de la que tanta veces nos quejamos, no es un problema en si mismo. Más bien lo sería cierto aire de «romanticismo cultural», aquel que a veces nos ha llevado a proponer que, *«con el advenimiento de la ocupación incaica, alguno de ellos [sitios fortificados de los DR en la Quebrada de Humahuaca] se convirtieron en pukara»* (Palma 2003:63, énfasis mío; ver también cita anterior de Raffino 1991:209).

### III.4.4 INKAS: ESTRATEGIAS Y FORTALEZAS

La evidencia material de la expansión imperial inka y sus conquistas militares son también las fortalezas. Las fuentes históricas han mencionado profusamente la construcción de fortalezas inkas en sus campañas militares, al igual que para «sujetar» a una población local, los inkas debieron conquistar primero sus fortalezas[5]. En ocasiones edificaban en el territorio conquistado una guarnición o fortaleza que dejaban a cargo de poblaciones mitimaes (Pärssinen 2003).

Las fortalezas inkas «puras» en las provincias son pocas en realidad. Estas fueron edificadas principalmente en lugares donde las operaciones militares pudieran demandar un largo tiempo. Lo que hiciera presumir que la integración de territorios al Tawantinsuyu se realizaba principalmente por diplomacia o campañas militares cortas (Hyslop 1990).

Se sostiene también que parte importante de la política inka en las provincias fue la de reducir conflictos y limitar rebeliones locales. Estas propuestas, basadas en fuentes históricas como en datos arqueológicos, mantienen que una vez implantada la conquista se obligaba a las poblaciones locales a abandonar sus sitios defensivos para reasentarlos en nuevos centros en tierras bajas, cerca del camino inka. Esto fue reconocido para los Wanka (valle de Mantaro superior, [D'Altroy 1987]), también en la cuenca del lago Titicaca, para el área Lupaqa (Hyslop 1976, Stanish 1997). Arkush argumenta que muchos pukara Colla fueron abandonados en tiempo de la llegada de los inkas (Arkush 2005).

Otra particularidad con respecto a la relación entre las fortalezas locales y los inkas es que, en determinados casos, algunas de estas fortalezas fueran reocupadas. Ejemplo de esto se encuentran en Ecuador (Plaza Schuller 1980), el fuerte de Cuismancu (Cajamarca, Perú [D'Altroy 2002]), para el oriente de Bolivia esto ha sido notado por Pärssinen y Siiriäinen (2003). Para el NOA esta posibilidad de reocupación de fortalezas preinkaicas fue propuesta décadas atrás por González (1980) y Hyslop (1990).

Finalmente, la carencia de estructuras defensivas en algunos sitios localizados en lugares elevados y naturalmente protegidos tendría, en algunos casos, una explicación. Rowe ha propuesto que en el pukara Colla (PKP1) las murallas hayan sido intencionalmente destruidas luego de su ocupación por los inkas (Rowe 1942, en Arkush 2005). En otros casos las condiciones estrategias del terreno (p.e. abruptas pendientes) habrían facilitado en tal grado la defensa de un sitio que no habría sido necesario la construcción de arquitectura defensiva. Esto ha sido sugerido por Nielsen (1997) para el «pukara de Tres Cruces» localizado en la Quebrada de Humahuaca.

### III.4.5 FORTALEZAS INKAS EN EL NOA

No podemos comenzar a tratar las fortalezas inkas en el NOA, sin tener en cuenta el contexto general de defensa de las fronteras sud-orientales del kollasuyu. Esto en relación con, (a) la movilización de poblaciones mitimaes en la defensa de esta amplia frontera que tuvo (b) un enemigo común, poblaciones del Este, chiriguanos y lules (Lorandi 1980).

Para el área oriental de Bolivia, Pärssinen y Siiriäinen han sugerido que los inkas en su proceso expansivo aseguraron sus fronteras por medio de una línea de fortalezas, con el fin de enfrentar las invasiones del Este, *«los incas organizaron y mantuvieron un eficiente sistema de defensa fronteriza, basados en una cadena de fuertes y fortalezas, en cuya dotación, además de guerreros incas comandados por nobles incas, había mercenarios de tribus locales y foráneas. Estas fortalezas bien podían ser: (1) las fortificaciones viejas, construidas por los habitantes precedentes, que los incas ocuparon y reorganizaron, añadiendo nuevos edificios y paredes; y, (2) las fortificaciones nuevas, construidas por los incas empleando la fuerza laboral local.»* (Pärssinen y Siiriäinen 2003:83)

Esta línea o cadena de fortalezas comenzaba desde Ixiamas (300 km al Norte de La Paz) hasta Samaipata (cercana a Santa Cruz de la Sierra) y desde ahí se dirigía hacia el Sur hasta Tarija y el NOA (Pärssinen y Siiriäinen 2003).

Como veremos a continuación, las fortalezas inkas en el NOA también están relacionadas con, (a) estrategias ofensivas-defensivas, tanto en fronteras externas como internas, (b) el uso de poblaciones mitimaes dedicados a la protección de la frontera y (c) reocupación de sitios defensivos preinkaicos.

El establecimiento de las fortalezas en el NOA habría estado destinado principalmente a consolidar el espacio «inkaizado» (Raffino 1991). En este sentido, A. González ha planteado que, desde un punto de vista político-militar, las fortalezas inkas en el NOA deben ser subdividas funcionalmente en dos tipos, (a) fortalezas en el interior del territorio destinadas a consolidar el dominio sobre etnias locales y sofocar eventuales rebeliones (p.e Rinconada y la Angostura) y (b) fortalezas de fronteras construidas para contener invasiones de pueblos limítrofes (p.e. pukara de Aconquija) (A. González 1980, ver también L. González 2000).

### III.4.6 LAS FORTALEZAS Y LOS MITIMAES PARA LA GUERRA

Aunque las tropas inkas estaban constituidas principalmente por poblaciones no-inkaicas cumpliendo su obligación de trabajo (*mit'a*), un rol importante en las conquistas y consolidación de territorios lo habrían tenido las poblaciones mitimaes leales, empleadas en zonas de gran hostilidad (p.e. Ecuador y la Frontera Oriental, ver Hyslop 1990, Pärssinen 2003)[6].

Para el NOA, dos son las poblaciones usualmente mencionadas como relacionadas a la defensa de las fronteras inkas (externas o internas). En la quebrada de Humahuaca se sugirió la utilización por el inka de poblaciones chichas como mitimaes para la guerra. Estos habrían estado destinados a ocupar posiciones defensivas, entre otras funciones, en custodia de la frontera contra grupos del Este (principalmente los chiriguanos), como también para la defensa interna (Zanolli 2003).

Según Nielsen (1997), las fortalezas y guarniciones inkas en la Quebrada de Humahuaca habrían sido desplegadas estratégicamente sobre vías naturales de acceso. En este contexto, las fortificaciones pudieron ser establecidas para el control interno, como fortalezas al interior del territorio (*sensu* A. González 1980). Estas habrían estado ocupadas por poblaciones no humahuaqueñas (chichas)[7].

Un poco más al Sur, se sostiene que algunas poblaciones del Tucumanao (tucumanosantiagueños) habrían concertado una alianza con los inkas, y que su responsabilidad habría sido proteger la frontera de la región valliserrana del ataque de los «bárbaros» del Este (lules y chiriguanos) (Lorandi 1980).

Estos indios del Tucumán fueron movilizados en colonias hacia el Oeste, ocupando algunos sectores de la actual provincia de Catamarca. Estos tuvieron el privilegio de fabricar su propia alfarería, cuyos fragmentos tapizan algunos centros administrativos inkaicos (piezas de tipo Yocavil y Famabalasto Negro sobre Rojo) (Lorandi 1980).

Lorandi (op. cit.) propuso que la impresionante fortaleza inka de Aconquija (Depto. Andalgalá, Prov. de Catamarca) estuviera ocupada por estas poblaciones de Tucumanao. Aunque este sitio aún no fue trabajado exhaustivamente como para sostener esta última propuesta. Sin embargo, Kriscuatzky (1999:78-79) advirtió que algunos sectores de las murallas del pukara fueron construidos con diversas técnicas y mamposterías, lo que nos estaría refiriendo a la edificación de murallas que responden a plantas inkaicas, pero con técnicas propias de grupos de diferentes lugares.

Los inkas también habrían modificado la estructura social de Belén luego de su conquista. Según Sempé (2006), como resultado de situaciones belicosas entre ambos, se habrían trasladado poblaciones Belén al valle de Tafí (Prov. de Tucumán), al tiempo que los desplazados eran reemplazados por poblaciones Sanagasta. De igual manera, por hallazgos de cerámica Famabalasto N s/Rojo y Yocavil en algunos sitios del área controlada por Belén, se desprende la posibilidad de introducción de poblaciones tucumano-santiagueñas.

### III.4.7 EVIDENCIAS DE REOCUPACION Y ABANDONOS

Son numerosas las evidencias de reocupación inkaica de fortalezas locales en el NOA. Si bien en muchos casos los inkas dejaron plasmada su presencia a través de remodelaciones arquitectónicas, en algunos otros casos la reocupación se infiere por evidencia de cerámica, relacionada a tiempos inkas, halladas en superficie o bien por la destrucción de algunos lugares.

Por mencionar algunos ejemplos, en la provincia de La Rioja, la ya mencionada Fortaleza de Cerro del Toro habría sido originalmente un asentamiento Aguada reutilizado por los inkas. Estos habrían remodelado algunos sectores del sitio con sus propias técnicas constructivas. Este sitio presenta murallas defensivas con troneras, algunos recintos en el sector Sur fueron remodelados con técnicas «más perfeccionadas» (piedras canteadas) y, en el sector central, algunas paredes están recubiertas con barro batido. Las investigadoras no hallaron cerámica inka, siendo las recolectadas mayormente pertenecientes a Aguada (Callegari y Raviña 1991, Callegari 2004).

El valle de Santa Maria (Prov. de Catamarca), a juzgar por lo que describiré a continuación, parece haber sido la región con mayor reutilización de fortalezas locales. El sitio de Tolombón, un extenso conglomerado con recintos distribuidos entre el conoide y cima del cerro, es «un típico asentamiento tardío» (Williams 2002-5, 2004). Las evidencias de remodelación inkaica en la fortaleza serían, en el sector 1 (Atalaya) posibles troneras en las murallas defensivas, en el sector 2 (Fuerte) con recintos de ángulos rectos y paredes de piedra canteada, de probable filiación inka. De este sector la autora recuperó en superficie material Inka Pacajes, Santamariano (bi y tricolor) y Famabalasto Negro Grabado.

En el poblado alto (fortaleza) de Cerro Pintado de las Mojarras, se registró la construcción de una kancha rectangular (ver González y Tarragó 2005). En cercanía de este sitio se recuperaron, tanto en superficie como en excavación, materiales Santamarianos, Famabalasto Negro Grabado, Famabalasto Negro s/Rojo e Inka provincial.

En la fortaleza de Cerro Mendocino se registraron recintos circulares asociados a las murallas (González y Tarragó 2005). Los restos materiales muebles que fueran recuperados son escasos, entre ellos Famabalasto Negro s/Rojo e Inka provincial (Ibíd.:81). Bicho Muerto, es un sitio del Tardío con evidencias de jerarquización social y funcional. Bicho Muerto Fortaleza (Z-01) habría sido el núcleo jerarquizado sobre el resto del asentamiento (BM Bajo y BM Ranchos). L. González y equipo recuperaron en este sitio material Belén (mayoritario), Santamariano, Famabalasto Negro s/Rojo e Inka provincial, al igual que han registrado arquitectura imperial. Según este autor, este sitio podía haber constituido un enclave estatal ocupados por mitimaes reasentados (L. González 1994-5).

Para la Quebrada de Humahuaca (Prov. de Jujuy), según Palma, varias fortalezas del Tardío se «convierten en pukara» por la reocupación inka, entre ellos, Calete, Campo Morado, Hornaditas Perchel y Yacoraite (Palma 2003). De ellos, la fortaleza de Cerro Morado conserva aún murallas defensivas que alcanzan los 5,5 mts de alto. La influencia inka se registra con fuerte énfasis en la cima del morro, allí se construyó una estructura piramidal escalonada, «ushnu» (Palma 2003)[8]. Otro ejemplo de reocupación inkaica de una fortaleza local lo constituye el pukara de Rinconada, localizado en la región puneña norte de Jujuy (Ruiz y Albeck 1997).

Finalmente, los casos registrados de abandonos forzosos de fortalezas locales por los inkas son escasos. Un caso seria la fortaleza Cortaderas Alto (valle calchaquí), un sitio de 9 has. ubicado sobre lo alto de un cerro. Según Acuto, esta fortaleza habría sido abandonada luego de ser tomada por los inkas, al tiempo que fue edificado un asentamiento en la parte baja (Cortaderas Bajo) cuando aseguran la zona, además de edificar una nueva fortaleza en un pequeño cerro adyacente (Acuto, 2004:145).

En el Depto. Belén (Prov. de Catamarca) el sitio fortificado de Loma de Los Antiguos (Azampay) habría sido tomado por la fuerza por fuerzas leales al inka. Evidencia de esto ha sido, «*al excavar el poblado fortificado de Azampay, del valle de Hualfín, encontramos claros indicios de que la población fue quemada, y muchos de sus ocupantes fueron decapitados. Además se recuperó en las ruinas un tipo de puntas de flecha de hueso de carácter intrusivo. Son análogas a las que se encuentran en Santiago del Estero y muy distintas a las típicas puntas de flecha de obsidiana usadas por la cultura Belén.*» (A. González 1979, subrayado del autor, en Balesta y Zarogodny 1999:280).

**Notas**

[1] Sin embargo, pese a la relevancia que se les asigna a los pukara para estos momentos, es muy escaso el tratamiento particular de los mismos y la falta de excavaciones. Es muy difícil encontrar en la literatura arqueológica del NOA, algún estudio que se ocupe específicamente de «reconstruir» su historia particular. Los pukara han sido (¿son?) objeto, básicamente, de estudios relacionados a su arquitectura y el material cerámico recuperado en superficie. Los resultados obtenidos permanecen generalmente como descriptivos

[2] Un último aspecto sería que varios poblados de importancia asentados en lugares llanos o de fondo de valle, en los DR presentarían murallas defensivas (p.e. en el valle calchaquí La Paya y Guitian [D'Altroy et al. 2000], en Antofagasta de la Sierra La Alumbrera [Sempé 2006]).

[3] Esto también fue notado por Ruiz y Albeck (1997) para la puna Norte de Jujuy.

[4] En el valle de Hualfín, fechado de 1100 d.C. en Cerro Colorado (Sempé, 2005). En la puna de Jujuy, Pukara de Rinconada con fechados entre 1080 al 1490 d.C. (Ruiz y Albeck 1997). Para el valle de Santa María, fechado de 1300±60 AP. para poblado alto de Cerro Mendocino (ver González y Tarragó 2005:80). Para Quebrada de Humahuaca ver Nielsen (2001, tabla 5).

[5] Numerosas citas históricas sobe esto pueden consultarse en Pärssinen (2003).

[6] Sobre referencias históricas relacionadas a mitimaes con funciones militares: «.... *y entro en la prouincia de los chichas y moyomoyo y amparais y aquitas copayapo churumatas y caracos y llego hasta los chiriguanos y hasta tucumán y allí hizo una fortaleza y pusso muchos yndios mitimaes* « (Capac Ayllu [1569] 1985:226, en Pärssinen 2003:115). «*y asi salieron a pocona y hicieron muchas fortalezas en el mesmo pocona y en sabaypata que es en los chiriguanas y en cuzcotuiro y pusso en todas las fortalezas muchos yndios de diuerssas partes para guardasen la dha fortaleza y fronter a a donde dexo muchos yndios orexones y al pressente estan poblados sus hijos y descendientes en las dha fortalezas y fronteras* « (Pärssinen 2003.)

[7] Sobre chichas como mitimaes del inka ver también Lorandi (1980) y Zanolli (2003).

[8] Hyslop ha sugerido que aspectos religiosos habrían estado fuertemente relacionados a lo militar. Las fortalezas inkas de Pambamarca, Inkawasi, Incallacta y Aconquija, contienen arquitectura ceremonial o ritual, lo que denotaría una naturaleza afin entre lo religioso-sagrado y la guerra inka (Hyslop 1990).

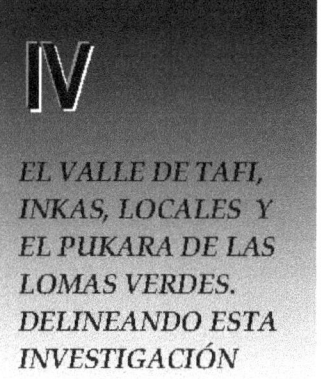

# IV

## EL VALLE DE TAFÍ, INKAS, LOCALES Y EL PUKARA DE LAS LOMAS VERDES. DELINEANDO ESTA INVESTIGACIÓN

### IV.1 LO INKA Y LO LOCAL EN UN RINCÓN DEL NOA

El valle de Tafí se localiza en el borde oriental andino del NO Argentino. Situado hacia el Centro-Oeste de la actual provincia de Tucumán (República Argentina), a unos 110 km de la ciudad capital de San Miguel de Tucumán (ver figura IV.1)[1].

Este hermoso paraje es una cuenca tectónica de unos 450 km², posee una forma alargada o elíptica, extendiéndose en dirección Norte-Sur[2]. Con una altura media de 2000 msnm, este valle se encuentra rodeado por altos cordones montañosos de las Sierras Pampeanas (Cumbres Calchaquíes [4500 msnm] y las Sierras de Aconquija [5500 msnm]). Hacia el Este se localizan las Cumbres Calchaquíes, Mala-Mala y Tafí (3500 msnm), hacia el Oeste, los altos de Muñoz (4200 msnm), hacia el Sur, el Cerro Nuñorco Grande (3200 msnm) y hacia el centro del valle se eleva un relieve aislado, la Loma Pelada o Cerro del Medio (2700 msnm) que divide al territorio en dos, hacia el Este el valle de Tafí propiamente dicho y el valle de las Carreras hacia el Oeste (ver Figura IV.2).

Las partes más bajas del valle («abras») se encuentran en El Infiernillo (3.030 msnm) y La Angostura (1950 msnm) (García Salemi 1993). Estos se constituyen, hacia el Norte y el Sur respectivamente, como importantes vías de comunicación y articulación interregional, otorgándole al valle una localización geográfica estratégica[3].

Desde la arqueología, es este un valle privilegiado. Restos de arquitectura prehispánica, así también como cerámica, sus famosos menhires, se encuentran esparcidos prácticamente por todo el valle. Esto nos refiere, no solamente a una alta riqueza y variedad arqueológica, sino fundamentalmente a una utilización integral del espacio y una ocupación ininterrumpida del valle desde tiempos prehispánicos (Manasse 2003 y 2004).

Actualmente una parte importante de los estudios arqueológicos en desarrollo en el valle están relacionados a un constante e intensivo proceso de expansión urbana y otros mega-emprendimientos (como el tendido de la línea de alta tensión «El Bracho-La Alumbrera», sistemas de redes hídricas, gasoductos, etc.). Realidad que provocara la afección, muchas veces irreparable, de los restos arqueológicos. Situación aún agravada por,

«…la ausencia de una reglamentación municipal y/o provincial, que proteja el patrimonio arqueológico ante el crecimiento urbano, ha dado lugar a la destrucción, sin ningún tipo de control, de evidencias de distintas épocas de la ocupación humana del valle» (Manasse 2001).

### IV.2 ARQUEOLOGIA EN EL VALLE DE TAFI

El tratamiento arqueológico en el valle se remonta a larga data, específicamente a finales del siglo XIX y principios del XX (Ambrosetti 1897, Bruch 1911, Quiroga 1899)[4].

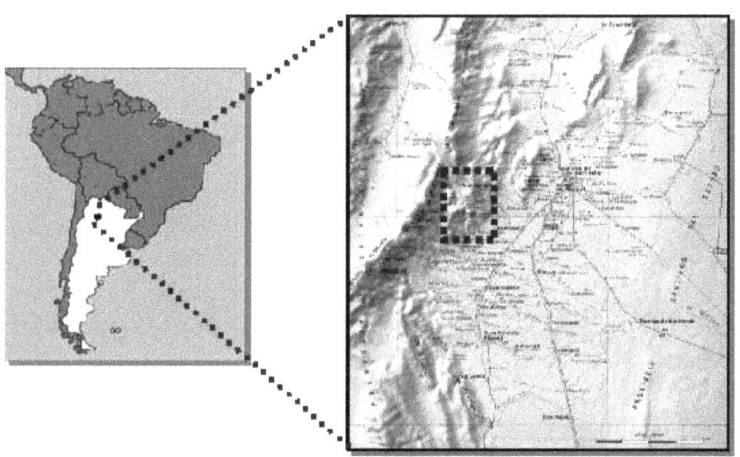

Figura IV.1

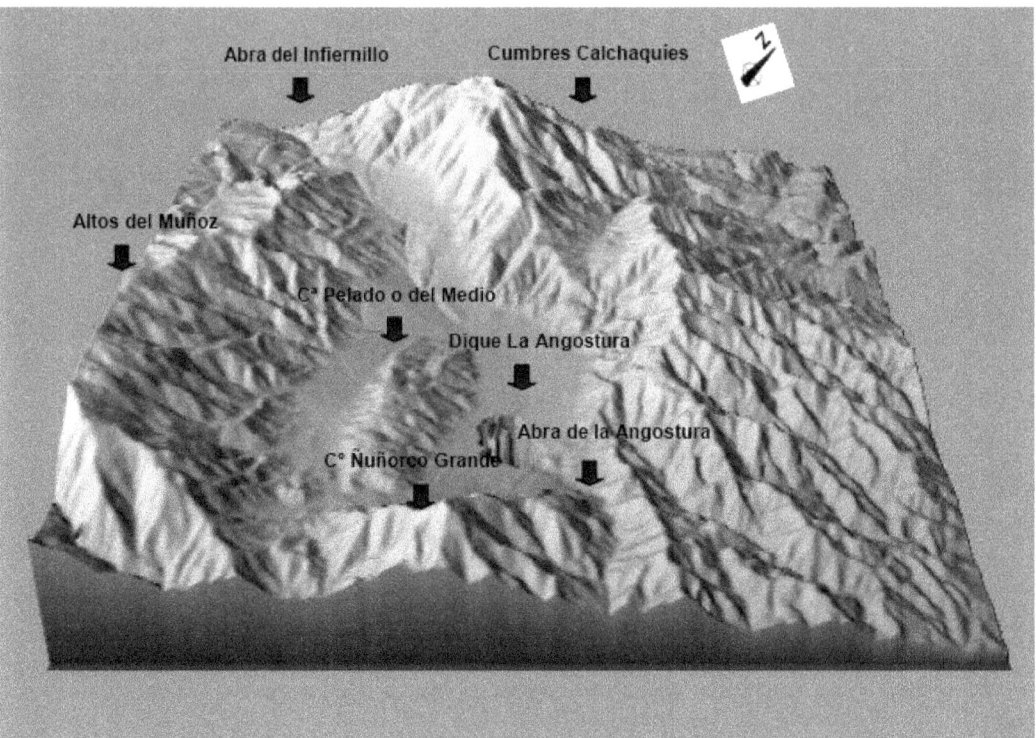

Figura IV.2

Investigaciones que, en definitiva, se centraron principalmente hacia una caracterización de menhires líticos. Pero no fue hasta la década del '60 del siglo pasado que comenzaron a desarrollarse investigaciones de carácter más sistemáticas e intensivas, tendientes a la ejecución de excavaciones metódicas, análisis de patrón de asentamiento y uso del espacio, como también a la formulación de distintos periodos de desarrollo sociocultural en el valle (Berberián y Nielsen 1988, González y Núñez Regueiro 1960, Núñez Regueiro y Tarragó 1972)[5].

Una propuesta de sistematización sobre tipos de estructuras arqueológicas, patrón de asentamiento y su relación con el medio fue realizada por Berberián y Nielsen a finales de la década del '80 (Berberián y Nielsen 1988). Partiendo de una sectorización arqueológica del valle en ocho grandes sectores, (Carapunco, La Bolsa, Las Carreras, Las Tacanas, Los Cuartos, El Mollar y Tafí del Valle), estos estudios procuraron analizar la articulación de evidencias arquitectónicas prehispánicas superficiales con el medio (biotopos).

Estos autores notaron que si bien un tipo de asentamiento característico en el valle habrían sido las unidades de habitación conformadas por un circulo mayor (10 a 20 mts. de diámetro) con estructuras circulares de menor tamaño adosadas a su alrededor («patrón margarita»), existiría una marcada diversidad en la arquitectura, asentamiento y uso del espacio. En este sentido, se propuso la existencia de ocho tipos de estructuras arqueológicas en el valle, desde unidades simples pequeñas y medianas hasta un sitio caracterizado como «excepcional». (Berberián y Nielsen 1988). A partir de esta base es que se formuló una propuesta de cinco «tipos de asentamientos» y dos «sistemas de asentamientos», correspondientes a sucesivas fases de ocupación y uso del espacio vallisto (Tafí I y Tafí II).

En síntesis, las principales propuestas de estos investigadores han sido, (a) el conjunto de evidencias analizadas nos remiten al sistema sociocultural Tafí (~300 a.C. al 800/1000 d.C.), (b) en este rango temporal, la ocupación del valle y el uso del espacio se manifiesta como intensa y continua. Señalando también una tendencia hacia, (a) concentración de poblaciones conformando aldeas, (b) extenso uso de campos agrícolas relacionados a unidades habitacionales en los primeros momentos, posteriormente con un uso de espacios específicos e independientes para la agricultura, (c) no hay indicios de control político centralizado o desigualdades sociales estructurales.

Núñez Regueiro y García Azcarate (1996), sobre la base de los fechados obtenidos y previas periodificaciones (Núñez y Tarrago 1972, Berberián y Nielsen 1988), refinaron la cronología de estos momentos tempranos en el valle, proponiendo dos fases continuas de ocupación; La Angostura o Tafí I, correspondientes al siglo I al III (IV?) d.C., y una posterior, Carapunco o Tafí II, entre los siglos VIII al X d.C.

En el valle, el paso de una etapa Formativa a una Tardía fue propuesto como de «ruptura». En la que asentamientos de la tradición Santamariana suplantan a las poblaciones Tafí (Núñez Regueiro y García Azcarate 1996).

### IV.3 SOBRE EL TARDÍO Y LO INKA EN EL VALLE

El Tardío en el valle de Tafí está representado principalmente por el registro de cerámica Santamariana (en sus variantes).

De igual manera, contamos también con evidencia de asentamientos localizados en amplios espacios del valle.

Aunque debe ser notado que, a diferencia del período anterior, el Tardío prehispánico del valle permaneció con una marcada insuficiencia en las investigaciones hasta tiempos bastante recientes. Encuentro probable que al menos dos sean las razones de este problema

a) que una de las razones «desmotivadoras» haya sido la falta de monumentalidad, variabilidad y complejidad arquitectónica, como también la riqueza y diversidad en los bienes muebles que poseen sitios de otras regiones vecinas (p.e. Valle de Santa María, Calchaquí, Quebrada de Humahuaca). O aún más, la aparente falta de indicadores que señalen la participación de valle dentro de un contexto de interacción regional. Otorgándole a esta región, tal vez involuntariamente, cierto «aroma» de marginalidad.

b) debo subrayar que, a diferencia de otras regiones vecinas (p.e. valles Calchaquíes, quebrada de Humahuaca), no contamos en valle de Tafí con fuentes históricas que refieran a momentos de ocupación tardías o inkas. Por lo que la reconstrucción de este segmento prehispánico del valle depende fuertemente en los esfuerzos que aporte la arqueología.

No obstante los problemas mencionados anteriormente, el valle de Tafí fue incluido en la propuesta de algunos modelos explicativos de dinámica sociopolítica de tiempos tardíos prehispánicos del NOA. Aunque debo mencionar un aspecto recurrente en este tratamiento, constantemente fue caracterizado como un espacio (social-natural) receptor y/o contenedor (pasivo) de estímulos externos.

Veamos esto brevemente, según Tarragó (1974, 2000), las sociedades del valle de Yocavil (Santamarianas) en pleno proceso expansivo hacia las yungas tucumanas se apropiaron del espacio tafinisto, estableciendo colonias en demanda de diferentes pisos ecológicos productivos y complementarios. Las evidencias que sustentarían esta propuesta se remiten a «.... Las sociedades de Yocavil poseían puestos de altura en Tafi del Valle (papa y pastoreo) ... hacia el este, en el valle de Tafi, San Pedro de Colalao y Salí, existen restos de habitaciones y cementerios de urnas santamarianas que sugieren un control de estos espacios productivos desde el eje vallisto» (Tarragó 2000:265-276).

Por otra parte, en su propuesta de un origen pedemontano oriental de la tradición Santamariana, Núñez Regueiro y Tartusi (1990) y Esparrica (2001, 2004), dejan entrever que dentro de un proceso migratorio hacia el Oeste, los grupos santamarianos habrían traspasado al valle de Tafí como un espacio natural necesario en su camino hacia las zonas serranas del valle de Yocavil.

Sempé en su caracterización de la cultura Belén, señala que la relativa ausencia, en tiempos pre-inkas, de materiales de esta cultura (propios de sus primeros momentos de desarrollo sociocultural) en ambientes tucumanos sería consecuencia de una fuerte oposición Santamariana local.

Posteriormente, para el caso del valle de Tafí, en tiempos de dominio inka en el NOA se encontrarían asentadas allí poblaciones originarias del valle de Hualfín en el contexto del traslado poblacional característico del inka (Sempé 1999, 2006).

Debemos notar que en ninguno de los tres casos señalados encontramos mención o consideración alguna sobre la situación previa, o aún coetánea, que encuentran los grupos santamarianos o inkas en su «paso» y/o «uso» de este espacio.

Sin embargo, investigaciones recientes sobre esta problemática nos ofrecen una perspectiva alternativa. Resultados obtenidos en el área por los proyectos de investigación dirigidos por Manasse desde 1994 insisten en que estas interpretaciones deben ser revisadas[6].

Siguiendo su línea argumentativa, se propone para el Tardío el registro de numerosos asentamientos tardíos de morfología variada (cuadrangulares, rectangulares, «depresiones», etc.). Sitios que en su disposición y articulación espacial conforman núcleos poblacionales aglutinados, aunque de configuración general relativamente pequeños.

Se destaca que estos asentamientos fueran localizados haciendo uso de una diversidad de espacios (fondo de valle, áreas montañosas) ofreciendo una perspectiva de ordenamiento espacial en el que se articula en función, o en relación con, espacios destinados a la agricultura, también con otros vinculados al control estratégico (Manasse 2002a, 2003, 2007, ver Capítulo siguiente).

De igual manera, estudios tecnológicos en cerámica de estos tiempos son sugerentes en cuanto a que el valle de Tafí estuvo vinculado dentro de un contexto geopolítico amplio, manteniendo sus propias particularidades (Manasse 2007, Manasse et al. 2005, Manasse y Páez 2006, Páez 2005).

Brevemente, según las últimas propuestas ofrecidas por Manasse (2007:145-153), para el Tardío del valle nos encontramos frente a,
a) dado el abundante y diverso registro de evidencias materiales (asentamientos, cerámica) y del uso del espacio, se argumenta una ocupación estable y permanente por poblaciones locales.
b) una ocupación local que, durante el Tardío, mantuvo una relativa autonomía con respecto a centros de mayor poder aledaños (p.e. valle de Santa María)[7].
c) en definitiva, que la ocupación humana de este valle en el segundo milenio de la era cristiana exhibe dinámica propia.

Asimismo, la presencia inka en el valle es una problemática de indudable relevancia local, pero aún mayor si es que pretendemos reconstruir la dinámica sociopolítica a nivel de articulación regional.

Hasta tiempos recientes esta temática solo fue abordada tácitamente. El valle de Tafí ha sido incluido por algunos investigadores como parte del Kollasuyu sin demasiadas referencias (ver mapas en Pärssinen 2003:128 y Hyslop 1988:39). A. González (1982:332-333) lo incluye como parte de la provincia de Quire-Quire, sugiriendo que un tramo del camino inca llegaba hasta este valle. Inclusive se propuso que poblaciones inkaicas hicieran uso de este espacio, luego de suplantar a grupos Santamarianos (Núñez Regueiro y Tartusi 1990:134)

Aunque las evidencias sobre «lo inka» en el valle permanecen, de alguna manera, elusivas. No obstante la realización de prospecciones o excavaciones sistemáticas e intensivas en diversas áreas del valle, los registros sobre asentamientos «puros» inka (sensu Raffino 1991) han sido nulos. No se registró la clásica arquitectura imperial, o aún trazos del camino inka[8]. De igual modo, tampoco contamos actualmente con evidencia que refiera a una intensificación en producción económica, reorganización de espacios ceremoniales o evidencias concretas de instalaciones destinadas a mitimaes en esta región, más allá de concentraciones localizadas de restos cerámicos.

Por otra parte, recientemente se ha registrado cierta cantidad de bienes muebles, principalmente cerámica y en menor medida metalurgia, que pueden ser asignados con certeza a momentos de dominio inka en el NOA. Si bien estas evidencias sobre ergología inka en el valle se dan en casos concretos y localizados (ver Tabla IV.1 y Figura IV.3).

Específicamente, la alfarería corresponde a Inka provincial (en sus formas características y estandarizadas [aribaloides, platos pato y ollitas con pie; ver fotografías IV.1 y IV.2], como a los de Fase Inka (Famabalasto Ns/R, Belén III y Santamariano de sus fases más tardías). En cuanto a la cerámica cuzqueña o imperial (Rowe 1944, Calderari y Williams 1991), solo fue registrada en un sitio (LCZVIIIS1) y en una proporción menor[9]. Una particularidad notable es que estos registros se dieron generalmente junto a tipos del tardío local, como la Santamariana, Famabalasto Negro Grabado y Quilmes Negro sobre Rojo (Manasse y Páez 2006, ver Tabla IV.1)[10].

De este modo, en la arqueología del valle de Tafí, «lo inka» comenzó a construir su propio espacio. La evidencia que se recuperó es sugerente e inspiradora. Hallazgos de este tipo aumentan en medida proporcional con la intensificación de las investigaciones, de igual manera que las nuevas preguntas que de ello se deriva.

Esta investigación toma como caso de estudio un sitio que nos brindó mucho de los datos que hasta ahora expuse. Investigación que necesariamente parte de más inquietudes que certezas.

Inkas en el valle de Tafí..... ¿Inkas en el valle de Tafí?

Si consideramos que los materiales recuperados hasta ahora nos orienta en esa dirección, ¿cómo podemos conceptualizar la presencia o influencia inka en el valle?, ¿qué matiz adquirió la articulación entre las estructuras locales ya existentes y las imperiales durante estos tiempos?

La (relativa) escasez de material inka en el valle se debe a que, (a) ¿el valle estuvo administrado desde otras regiones, si tal como propone Tarragó (1974, 2000), las poblaciones santamarianas en el valle dependían de un centro de mayor poder, en el valle de Santa María, entonces al conquistar ese valle los inkas mantuvieron el status quo sociopolítico?[11] ¿Este valle se constituyó como una zona de frontera imperial hacia el Este?, podemos pensar sobre la base de evidencia disponible (FNR y Belén III), y siguiendo la propuesta de Sempé (1999, 2006), ¿el inka traslado mitimaes a esta región?

### IV.4 ¿PUKARA EN EL VALLE DE TAFÍ?

Algunas de las características señaladas en capítulos anteriores (conflictos, pukara) son un tema de tratamiento reciente en esta región. En el valle podrían ser dos (o tres) los asentamientos de tipo defensivos/fortalezas.

Fotografía IV.1 Fragmento de aríbalo recuperado en superficie en la localidad de Pie de La Cuesta (Los Cuartos, Tafí del Valle)

Fotografía IV.2 Fragmento de aríbalo recuperado en superficie en el sitio LC ZX (1) (Los Cuartos, Tafí del Valle).

*IV. El valle de Tafí...*

| Sitios con evidencia material inkaica en el Valle de Tafí | | | | |
|---|---|---|---|---|
| Sitio | Evidencia | Asociación | Localización | Referencia Bibliográficas |
| Bº Malvinas | Inka provincial, yuro (aribaliode) negro sobre rojo, con motivos de suris bicéfalos. Localizado al lado de varias urnas Santamarianas | Reutilización de cementerio Santamariano | Parte baja del valle, cercano al campamento de Vialidad, Km 60 | Manasse (2007) Burke et al. (2007) |
| LCZVII D3 | Material cerámico de Fase Inka | En Depresión cuadrangular, Sitio de uso doméstico Santamariano de momentos Inka | Parte baja de la localidad de Los Cuartos | López (2001) López y Manasse (2001) Manasse (2007) |
| LCZX (1) | Material cerámico de Fase Inka e Inca Mixto. | Depresiones cuadrangulares tardías. | Parte baja de la localidad de Los Cuartos | Manasse (2003, 2007) |
| LCZVIIIS1 | Material cerámico: Inka Imperial, Fase Inca, Inka provincial, Inka Mixto (Inka Pacajes). Elemento metálico: *tumi* | Sitio Santamariano de tiempos inkas | Laderas SO de las Cumbres Calchaquíes (Los Cuartos) | Manasse (2003,2007), Manasse y Páez (2006) Manasse et al. (2004) Páez y Patané Aráoz (2007) Patané Aráoz (2007) Patané Aráoz et al. (2002) |

Tabla IV.1

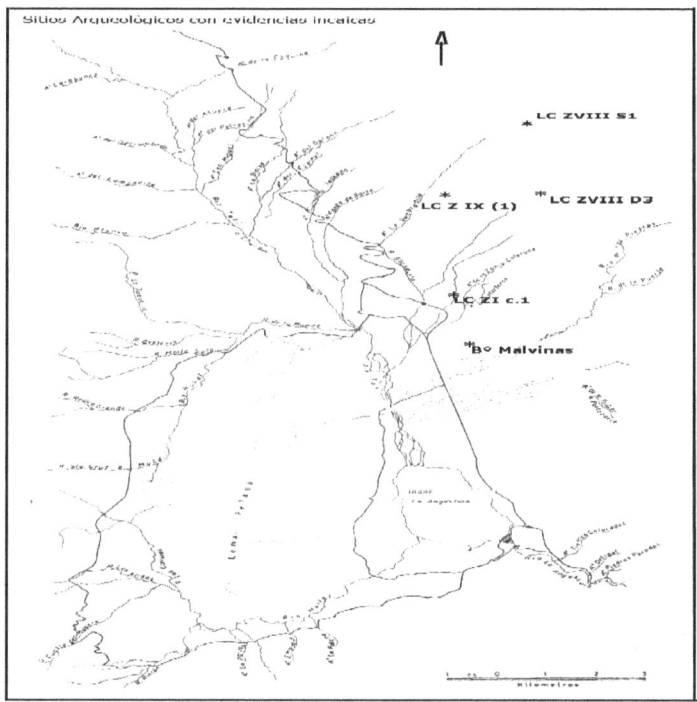

Figura IV.3

Santillán de Andrés (1951, Santillán de Andrés y Ricci 1980), en sus pioneros análisis sobre asentamientos indígenas en el valle de Tafí, localiza dos de este tipo de sitios[12]. Ambos se encontrarían situados en lo alto de montañas, en posiciones defensivas y con control de rutas de acceso, relacionados a poblados construidos en las partes bajas[13].

Uno de ellos, denominado «Pukara de las Lomas Verdes», localizado en las laderas sudoccidentales de las Cumbres Calchaquíes, es el objeto de estudio de esta tesis, por lo que será analizado con más detalle en próximas páginas. Un segundo pukara se encontraría localizado en un lugar denominado «La Angostura» (Santillán de Andrés y Ricci

1980:71). Lamentablemente la autora no abundó en más datos que lo expresado[14].

Por otra parte, Berberián y Nielsen refieren a un sitio localizado en el faldeo oriental del Cerro Muñoz, al Oeste del Valle, que fuera tipificado como una «estructura excepcional». Este sitio presenta muchas de las características señaladas como distintivas de los pukara (localización estratégica, ubicado en un contrafuerte montañoso, buena visibilidad del valle, una muralla perimetral de 0.50 a 1.00 metro de altura y 0.60 a 1.00 metro de ancho que «cierra en forma continua las partes accesibles de la elevación» [Berberián y Nielsen 1988:31]). Este sitio fue interpretado por los autores como vinculado a actividades cúlticas, dado el carácter escenográfico de algunas estructuras (plataformas) y la presencia de menhires (Ibíd.:33).

Por otra parte, en páginas anteriores revisé argumentos relacionados a una probable correlación entre periodos de cambios ambientales y movilización de personas - conflictos interétnicos para el área circumtiticaca (ver Capitulo III). Para el valle aún son escasos los estudios paleoclimáticos, pero que sin embargo ofrecieron resultados en esa dirección.

Recientemente Sampietro (2007) brindó una síntesis de sus trabajos realizados en este valle. Como parte de sus investigaciones geoarqueológicas, esta investigadora realizó una reconstrucción de la evolución paleoambiental del valle desde momentos previos al Formativo hasta la actualidad (ver Figura IV.4).

Entre los aportes de este trabajo podemos mencionar el registro de un cambio climático, de carácter progresivo, registrado hacia principios del primer milenio d.C. En este sentido, «….se ha determinado que antes del 2.480 AP el valle era sustancialmente más húmedo, situación que se dio a nivel regional y que incidió sobre las posibilidades de asentamiento definitivo de las poblaciones aldeanas del NOA. Al final del Formativo poseemos evidencias inequívocas de un periodo erosivo, reflejo de condiciones más secas…. Y su correlato social en la transición entre el periodo precedente y el de Desarrollos Regionales» (Ibíd.:307).

Estos resultados fueron correlacionados con los obtenidos por Garalla (1999) en la zona de El Infiernillo, «….. el análisis polínico de un perfil de El Infiernillo mostró que antes del $2000 \pm 50$ AP y hasta el $875 \pm 20$ AP existieron aportes importantes de polen arbóreo del bosque montano y especies herbáceas típicas de condiciones más húmedas. Según este estudio a partir del $875 \pm 20$ AP se establecieron las condiciones ambientales actuales de características más secas que las precedentes (Garalla 1999)» (Ibíd.:294).

Esta autora avanza en sus conclusiones planteando una clara correlación entre el desenvolvimiento de la dinámica social del valle (y aún del NOA en general) con las

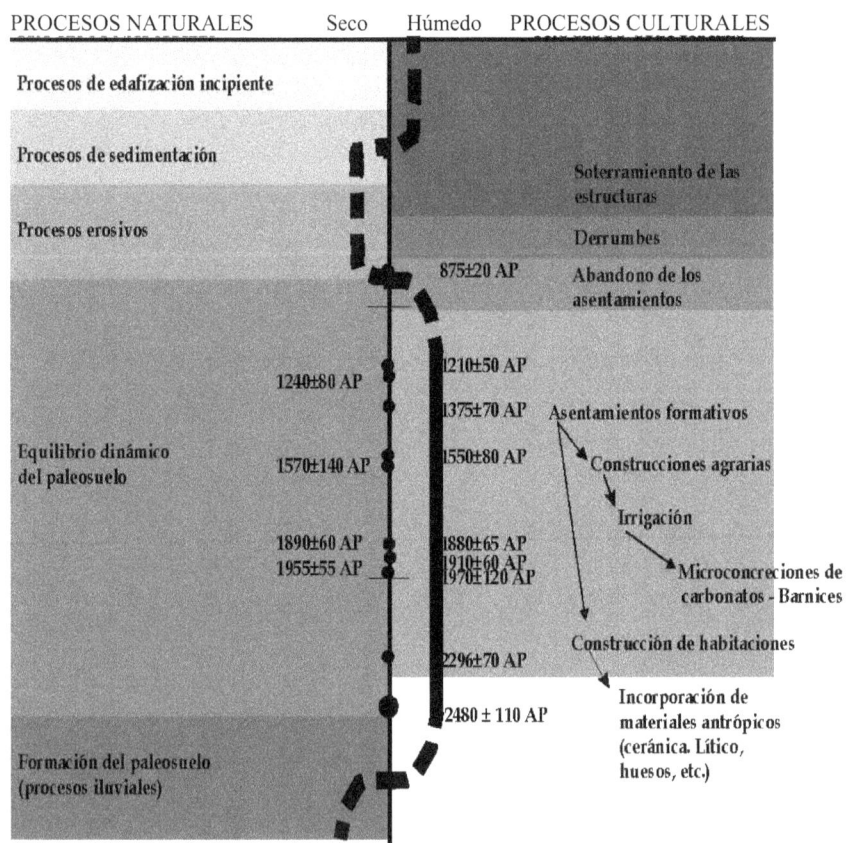

Figura IV-4. Se presenta una reconstrucción de los procesos naturales y culturales en relación con fechados obtenidos hasta la fecha en el valle de Tafí. Tomado de Sampietro (2007:306).

variaciones en las condiciones ambientales. Es así que deja entrever que el fin de las ocupaciones Tafí en el valle coinciden (un poco antes del 875 a.P.) con un periodo transicional más seco y, fundamentalmente, a la escasez de recursos hídricos. Posteriormente se establecerían condiciones aún más secas, al tiempo que el valle comenzaba a ser ocupado por poblaciones Santamarianas provenientes del Oeste.

Finalmente, Núñez Regueiro y Tartusi (1990:155) en su propuesta de origen de la tradición Santamariana en tierras bajas orientales, dejan entrever que hacia el 1000 d.C. se produjo un acentuado incremento térmico, hecho que «podría haber obligado a las poblaciones Santamarianas asentadas en la región [oriental] a buscar zonas más propicias para el asentamiento, trasladándose a lugares más elevados, como son los valles intermontanos del W». De ser posible esta explicación, estos movimientos poblacionales bien pudieron haber encontrado resistencia (¿conflictos-pukara?) de otras parcialidades en su «paso» hacia el Oeste.

## Notas

[1] Ubicado entre los 26°45' y 26°58' de latitud Sur y 65°39' y 65°48' de longitud Oeste.

[2] Su eje mayor está recorrido por el río Tafí.

[3] Hacia el Norte el valle se encuentra comunicado con el Oeste semiárido (valle de Santa Maria) a través de las mesetas altas del Muñoz (Sierra del Aconquija) y toda serie de abras y pasos, del Infiernillo o de las Ánimas, son los más conocidos. Hacia el Sur se comunica con la llanura húmeda tucumana, a través de las Quebradas de la Angostura y el Portugués.

[4] Cabe el mérito a Bennett et al. (1948) el haber sistematizado las evidencias aisladas sobre restos materiales hallados en el valle de Tafí. Sus análisis han derivado en la propuesta de una cultura local en el valle, de momentos agrícolas tempranos, tipificados como «Cultura Tafí».

[5] Es una región que contó con investigaciones constantes, pero en los que fue notorio el privilegio otorgado al estudio de momentos tempranos de ocupación humana del valle (p.e. cultura Tafí y sus posibles relaciones con regiones aledañas, ver Manasse 2002b).

[6] Por cuestiones de espacio, remito al lector a un trabajo de síntesis sobre las evidencias registradas en el valle de Tafí sobre los momentos Tardíos ofrecido por Manasse (2007). A los fines de caracterizar este periodo es que aquí se destacan los puntos más sobresalientes.

[7] «el hallazgo de materiales alfareros de tipo santamarianos no debe interpretarse tan solo como la expansión de la sociedad del Yocavil, sino, tal vez como una herramienta de identificación por parte de la elite local con grupos de mayor poder y/o prestigio (simbólico, político, económico o espiritual» (Manasse 2007).

[8] Podemos pensar que el imperio no reorganizó significativamente el paisaje social del valle a través de la construcción de su típica arquitectura como «símbolo de presencia-poder» (Gasparini y Margolies 1980).

[9] Una mención anterior sobre la existencia de material inkaico en el valle de Tafí menciona « purchased collections wich purpoted to be from the Tafi Valley are described as containing Santa María urns, La Paya Polycrome.» (Bennett et al. 1948:9, en Núñez Regueiro y García Azcarate 1996:87).

[10] Sobre la base del conjunto de hallazgos ya mencionados y poniendo énfasis en la relevancia geográfica del valle como área de control de accesos a otras regiones y en la complejidad sociopolítica de las poblaciones locales, Manasse ha propuesto que el valle integró, y participó, en el Tawantinsuyu como fuente de pago de tributos (Manasse 2002b), además, «Tafí y otras áreas aledañas fueron conformando esa especie de «periferia» del Imperio, desarrollando tal vez modos propios de participación, orientados por la organización social, política y económica vigente para la época en los valles» (Manasse 2004).

[11] En este sentido, Pärssinen y Siiriäinen (2003:71) han planteado que «un factor importante que explica el rápido avance incaico en los andes centrales, estriba en las estructuras administrativas tempranas – altamente desarrolladas- que ya estaban establecidas en el área. En lugar de capturar un pueblo tras otro, los incas solo necesitaban tomar la capital de un estado menor o señorío y sojuzgar a sus gobernantes».

[12] La pertenencia de ambos pukara fue adjudicado por la autora a la étnia diaguita, ya que estos presentan similitud arquitectónica con otros sitios defensivos localizados en zonas tucumanas (Santillán de Andrés y Ricci 1980).

[13] «es interesante destacar además la presencia de una perfecta simbiosis entre los poblados agrícolas pacíficos y los defensivos que ... estaban situados en zonas estratégicas» (Santillán de Andrés y Ricci 1980:71).

[14] Recientes prospecciones efectuadas en la zona, como parte de las actividades programadas por un Proyecto de Voluntariado Universitario dirigido por la Lic. Bárbara Manasse, no arrojaron resultados satisfactorios al respecto.

 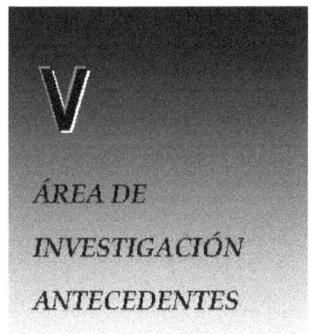 

*ÁREA DE INVESTIGACIÓN ANTECEDENTES*

## V.1 AREA DE INVESTIGACION

El área en la que se inserta esta investigación se restringe a una porción de la actual localidad de Los Cuartos (NE del valle de Tafí, Prov. de Tucumán)[1]. Las investigaciones arqueológicas en desarrollo en esta zona corresponden a los proyectos dirigidos por la Lic. Bárbara Manasse desde 1994 hasta la fecha.

Es un área de aproximadamente 1000 hectáreas, que comprende tanto a zonas bajas (parte media y alta del paleocono sobre la que se localiza la localidad de Los Cuartos), como zonas altas (faldeo meridional de las Cumbres Calchaquíes).

Esta extensa área, fue subdividida en once «Zonas de Intervención Arqueológica» por Manasse (2002a), delimitación realizada en base a elementos relacionados al paisaje natural y humano (arroyos, quebradas, caminos, áreas urbanizadas, etc.)[2].

De esta subdivisión, las zonas I, II, IV, V, VII, IX y XI corresponden al paleocono, y las zonas III, VI, VIII y X al faldeo. Manasse (2002a) ha registrado, en todas las zonas, un intensivo uso humano actual registrado en diferentes manifestaciones, cultivo (II y X), ganadería extensiva (III, Vb, VI, VII, VIII, IX y X), área urbana permanente (II, Va, parte de la IV) veraneo (I, IV y XI). Arqueológicamente es un área sumamente pródiga en evidencias arqueológicas, tanto superficiales como subsuperficiales. Para ser más específico, «el diagnóstico general obtenido reveló la existencia de una ocupación/explotación ininterrumpida en el espacio, integrando áreas de potencialidad de aprovechamiento diversa (base de cono aluvial, piedemonte, faldeo, mesadas de media altura y las cercanas a las cumbres). Hay evidencias de asentamientos relativamente dispersos en áreas de aparente uso agrícola-ganadero...... nuestras investigaciones también permitieron establecer la existencia de ocupaciones diacrónicas. Mas allá de su ubicación cronológica precisa y de una asignación cultural especifica, es claro que el área fue reocupada a lo largo del tiempo» (Manasse 2002a)

## V.2 LA ZONA BAJA

Situada entre los 1940 y los 2150 msnm., comprende la parte media y alta del paleocono, sobre la cual se depositó material sedimentario producto de coladas de barro. Es la zona que más fuera afectada desde los últimos años por intensos procesos antrópicos (loteos, construcción de casas de veraneo, pastoreo, etc.).

Hasta tiempos muy recientes, antes de acentuarse los procesos ya mencionados, podían ser fácilmente visibles en superficie gran variedad y cantidad de estructuras arqueológicas. Estas corresponden a alineamientos simples o dobles de piedra, estructuras circulares simples y compuestas, cuadrangulares deprimidas, montículos, además de extensos andenes de cultivo (Manasse 2002a, ver fotografía V.1).

Como parte de los objetivos propuestos en los proyectos dirigidos por Manasse se realizaron aquí trabajos de prospección, relevamiento y excavaciones sistemáticas en diferentes oportunidades.

A partir de estos trabajos es que se comenzó a construir una imagen muy compleja de ocupación humana de tiempos prehispánicos en el área. Fueron registradas evidencias de ocupación Santamariana, además de restos materiales asignables a momentos inka (Manasse 2002a)[3].

Un tipo de estructura en superficie muy característica de esta zona lo son las «depresiones cuadrangulares» (López 2001, López y Manasse 2001, ver también A. González y Núñez Reguiro 1960, Núñez Regueiro y García Azcarate 1996, Esparrica 2001, 2004). Trabajos arqueológicos anteriores permitieron registrar, al menos, ocho estructuras de este tipo en este paleocono. De ellas, las de mayor tamaño han sido, «D3» (29 mts. de largo por 18,70 mts. de ancho) y «D9» (28,40 mts. de largo por 22 mts. de ancho) (López 2001).

Resultado de excavaciones efectuadas en una de estas depresiones cuadrangulares permitieron identificarla como una unidad doméstica de mediados a finales del siglo XV d.C.[4] Los materiales hallados fueron principalmente Santamarianos (bicolor, en su fase más tardía, y tricolor) además de Famabalasto Negro Grabado (FNG), Belén III y Famabalasto Negro sobre Rojo (FNR).

El tipo de material hallado sugiere una ocupación Santamariana muy tardía, de tiempos inkaicos (López 2001, López y Manasse 2001, Manasse 2004, ver fotografías V.2 a 4).

Fotografía V.1. Vista de estructuras y alineamientos de piedras, localizados en la parte media del paleocono (Los Cuartos, Tafí del Valle). Esta zona ha sido recientemente loteada y allí seconstruyeron numerosas casas de veraneo (ver Manasse 2006).

En cuanto a las técnicas empleadas para la construcción de las paredes de esta depresión, López menciona que, «están conformadas por piedras pequeñas y medianas (mayormente graníticas) de formas redondeadas, rectangulares y trapezoidales. Estas fueron acomodadas con un estilo muy similar al de las pircas actuales, con relleno de barro y ubicando la mejor cara hacia uno de los lados... la pared septentrional presenta hasta tres hiladas, siempre con el mismo tamaño de piedra... la pared meridional... presenta dos o tres hiladas superiores de piedras graníticas...asentadas sobre rocas de mayor volumen colocadas con cierta verticalidad « (López 2001:128).

Trabajos más recientes en esta misma parte del paleocono, vinculados a estudios de impacto arqueológico, también dan cuenta de la presencia de material cerámico de distintas épocas de ocupación en el valle, principalmente Santamariano y FNG y en menor medida materiales Quilmes N/R, F N/R e Inka (Manasse 2006). A su vez, se localizaron evidencias de un área de entierro tardío, de individuos infanto-juveniles (Neyra y Valverdi 2006) (ver fotografía V.5).

**V.3 LA ZONA ALTA**

Comprende parte de las laderas meridionales de las Cumbres Calchaquíes que bordean, hacia el Norte, la actual localidad de Los Cuartos. Es un área montañosa accidentada que baja desde las partes cumbrales hacia el valle desde los 3000 msnm. Su topografía incluye superficies muy restringidas (cuchillas delgadas y quebradas) y mesadas relativamente amplias (Manasse 2003).

A partir de la propuesta de Manasse (2002a), esta área fue subdividida en: Zona III (cuchilla La Mota y el Guasancho), Zona VI (cuchilla La Delgada), Zona VIII (filo de Don Valentín) y Zona X (filo de Las Micunas).

Fotografías V.2 a V.4. Corresponde a materiales arqueológicos recuperados en las excavaciones efectuadas en las «depresiones cuadrangulares», ver referencias en el texto.

Fotografía V.5

Bien recalcó Manasse (2003) que las regiones montañosas de Tafí han recibido poca atención desde la arqueología[5], o aún integradas a la dinámica social de lo registrado en el fondo de valle. En este sentido, trabajos recientes de prospección y estudios de sitios en esta área, por encima de los 2300 msnm, revelaron con mayor claridad la intensidad de ocupación prehispánica[6].

De acuerdo a lo registrado por Manasse y su equipo, las estructuras arqueológicas se localizan a diferentes alturas y tipo de relieves, siendo notable la diversidad morfológica y de tamaños registrados.

Se reconocieron y examinaron 72 sitios prehispánicos, la mayoría emplazados sobre el Filo de las Micunas (48/72) (Lanzelotti 2002, Manasse 2003, ver fotografía V.6). La totalidad de las estructuras arqueológicas presentó muy buena visibilidad y conservación.

Los tipos de estructuras registradas fueron, circulares / subcirculares (asociadas o simples), cuadrangulares (algunas de gran tamaño), bases residenciales, poblados, estructuras para encierro de animales (corrales), refugios transitorios, estructuras de contención, etc.[7]

Una mayor proporción corresponde a las de tipo circular, relacionadas a una probable función de encierro de animales, las estructuras relacionadas a tareas agrícolas fueron escasas.

En el Filo de Las Micunas fueron dos los asentamientos que refieren a una mayor densidad de población. Estos han sido registrados entre los 2400-2800 msnm., se designaron como LCZVIII-S1 y S7 (según la nomenclatura empleada por Manasse 2003).

El sitio S9 presenta «estructuras aglutinadas de morfología circular y cuadrangular, otras complejas, además de algunas circulares aisladas más pequeñas. Conforman conjuntos que no están circunscriptos espacialmente como S1... no denota una función de reclusión o defensiva» (Manasse 2003:59).

LCZVIII-S1 (o simplemente S1) es el sitio bajo estudio en esta tesis. Un análisis en mayor profundidad será brindado en próximas páginas.

Con excepción de S1, en ninguno de los otros 71 sitios se recuperaron materiales arqueológicos diagnósticos. Por lo que, actualmente, tanto cronología y contemporaneidad son inferidos de forma tentativa sobre la base de arquitectura y por su probable relación con el sitio S1 (Manasse 2003).

Tanto cantidad como variedad en morfología y tamaño de las estructuras nos remite a un amplio conocimiento y

Fotografía V.6. Sitios arqueológicos registrados en los faldeos meridionales de las Cumbres Calchaquíes (Los Cuartos, Tafí del Valle). Tomado de Lanzelotti (2002).

manejo de este tipo de «paisaje» montañoso en tiempos prehispánicos. Muestra de esto sería la diversidad de actividades llevadas a cabo: espacios destinados al manejo ganadero, a la agricultura, puestos de uso transitorio, poblados estratégicos, etc.

## V.4 EL PUKARA DE LAS LOMAS VERDES. ANTECEDENTES

El Pukara de las Lomas Verdes (LCZVIII-S1) ha sido escasamente estudiado hasta tiempos recientes. Como veremos seguidamente, su «historia» presenta un matiz bastante particular. Podríamos caracterizar una primera etapa de investigación en el sitio señalando que, (a) el trabajo de Santillán de Andrés fue el único trabajo realizado en este sitio en más de 50 años[8], (b) asignación de funcionalidad del sitio, que resulta de una ecuación de uso común, poblado indígena + localización en una parte alta y defendible de una montaña o cerro + «murallas defensivas» = pucará, (c) imprecisiones en la descripción de su localización espacial, a más de algunos otros problemas de diversa índole[9], favorecieron el hecho que este sitio permaneciera con «paradero desconocido» durante mucho tiempo, (d) de las conclusiones que se desprendieron de ese (......único) trabajo se valieron posteriormente algunos autores para insertar a este sitio dentro de la historia sociocultural de Tafí y, aún más, dentro de un contexto macroregional.

Luego de un poco más de 20 años, Núñez Regueiro (1974) es el primer autor en ocuparse del sitio de forma directa. Si bien él no trabajó en el sitio, basándose en lo expuesto por Santillán de Andrés (op.cit.), este investigador asignó una funcionalidad netamente defensiva al sitio, en el marco de la expansión territorial de los señoríos del periodo de Desarrollos Regionales. Específicamente, este sitio fortificado habría sido construido para frenar ocasionales presiones de las etnias nómades o seminómadas provenientes del Oeste. Aunque deja entrever que este pucará pudo haber estado ocupado por mitimaes traídos por el Inka desde el valle de Hualfín (Núñez Regueiro 1974:183).

Posteriormente, y ya acentuándose esta cadena de datos compartidos, Nuñez y Dillehay (1995:115) valiéndose de los datos de Nuñez Regueiro (op. cit.) sugieren que en el contexto de disputas territoriales características del periodo de Desarrollos Regionales del NOA, los centros aldeanos expandían su acción para formalizar ejes periféricos coloniales en donde los giros caravaneros de cada señorío podían complementarse con los de otros señoríos en espacios diferenciados. Dentro de ese ambiente de tensión social y en el marco de acciones desplegadas por cada señorío (giros caravaneros de complementación) los autores incluyen a este pukara.

La otra mitad de esta «historia» comienza a escribirse entre finales del siglo pasado y principios del actual. Luego de más de medio siglo, el pukara de las Lomas Verdes fue «redescubierto» (Manasse 2002a, Patané Aráoz et al. 2002).

### Notas

[1] Localizado entre los 26°40 ' de latitud Sur y los 65°40 ' de longitud Oeste.

[2] Una extensa y completa caracterización arqueológica de esta zona ha sido realizada por Manasse (2002a, 2003). Por lo que aquí solo sintetizaré algunos aspectos de esos trabajos para los fines que persigue esta tesis.

[3] Algunas de estas tareas dieron cuenta de evidencias de momentos tempranos. Por ejemplo, estructuras circulares en superficie de tipo Formativo (Tafí), o estructuras habitacionales de esa entidad, enterradas entre los 0,90 y 2,00 mts. De igual manera, se recuperaron materiales cerámicos asignables a Tafí, Aguada Negro Grabado, Candelaria y Cienaga (Manasse 2006).

[4] Este sería un espacio doméstico, utilizado para la realización de actividades cotidianas, p.e. preparación de alimentos, confección de artefactos en hueso y piedra o tal vez un lugar de reunión (López 2001)

[5] Salvo algunas menciones de Santillán de Andrés (1951, Santillán de Andrés y Ricci 1980), Berberián y Nielsen (1988) y en los estudios de evaluación de impacto de una línea de alta tensión de Sampietro (1996) y Ratto (1997); ver revisión en Manasse (2003).

[6] «......como producto de nuestro primer trabajo de revisión del área se registró una variedad de evidencias localizadas entre los 2300 y 2450 metros de altura. La existencia de estructuras productivas de función agrícola y ganadera, así como otras, probablemente defensivas, alertó sobre la relevancia arqueológica del área, cuyo rol en el uso del espacio vallisto no había sido previamente analizado» (Manasse 2003:57). A principios de la segunda mitad del siglo pasado Santillán de Andrés (1951) publicó los resultados de una serie de investigaciones arqueológicas realizadas en el valle de Tafí. En aquella oportunidad dio a conocer un sitio que denominó «Pucará de las Lomas Verdes» (ver Figura V.1). Lo consideró de especial interés, por tratarse de un poblado fortificado y por su asociación con un poblado «pacífico» ubicado en la parte más llana, por debajo del pucará.

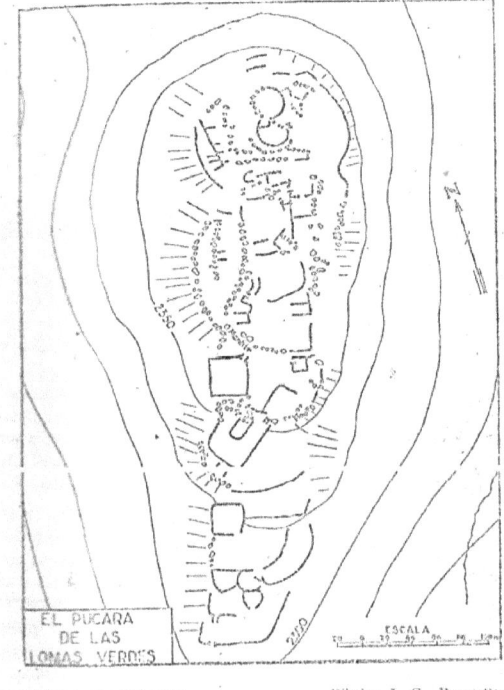

Figura V.1 Tomado de Santillán de Andrés (1951:21).

[7] Sobre los criterios empleados para discernir cada tipo de estructura-función ver Manasse (2003).

[8] Aunque podemos referir a unas Notas Inéditas del Dr. Alberto Rex González, que gentilmente nos proporcionara la Dra. Beatriz Cremonte. En la década del '80 del siglo pasado, González realizó recolecciones superficiales y unos «rápidos» sondeos en un sitio localizado en la zona montañosa de Tafí, al que identificó como Pukara de las Lomas Verdes. Obtuvo allí material cerámico (Belén, Santamariano, tosco), una «hachita», un cuchillo agujereado, manos de canana, etc. Sin embargo, según se desprende de este texto mecanografiado, habría un error de localización, al ubicar al sitio en la «Cuchilla La Delgada«. Esta Cuchilla se encuentra inmediatamente al Este del Morro de Don Valentín, lugar en donde se localiza el Pukara de las Lomas Verdes. Efectivamente, en la Cuchilla La Delgada registramos en nuestras tareas de prospecciones por el área algunas estructuras arqueológicas, aunque ninguna de ellas presentó las características de S1.

[9] Me refiero específicamente a que nuestro plano del sitio no coincidía exactamente con (a) el tamaño del asentamiento y (b) la disposición de algunas de las estructuras, tal como fuera referido en el plano de Santillán de Andrés, así como tampoco, (c) su orientación cardinal (ver más detalles de lo mencionado en Patané Aráoz et al., 2002). Comparar Figura V.1 (a continuación) y el Plano del sitio realizado por nosotros (Capitulo VII).

# VI
## METODOLOGÍA

A partir del objetivo de estudio planteado, se enfatiza en esta investigación que, «reconstruir arqueológicamente encuentros coloniales requiere de una cuidadosa atención de la materialidad del contacto cultural» (Gifford 2003:1, mi traducción).

En este sentido, Acuto propuso recientemente que, «... los grupos dominantes, o colonizadores (en situaciones de contacto cultural y colonización) pueden utilizar lo material y las formas espaciales [paisajes, lugares y arquitectura] para crear un orden social específico. A través de la materialidad y la espacialidad, aquellos que ostentan el poder, pueden estructurar las relaciones sociales, promover ciertas prácticas y difundir e imponer ideología o formas específicas de representación y categorías. Por otro lado, el uso táctico de objetos y de formas espaciales permite a los individuos, o grupos, subordinados transformar o desarrollar su posición, construir espacios para su propia reproducción social, para expresar su ideología o para negociar, acomodarse o para resistir la dominación» (Acuto 2004:18, mi traducción).

Pretendo subrayar que esta materialidad adquiere su(s) forma(s) y significaciones dentro de la complejidad política, económica y simbólica intrínsecas a ambas iniciativas (inka-local). Por lo tanto, su valor como fuente de información nos proporciona elementos de interpretación acerca de esta instancia de encuentro y oposición (González y Tarragó 2004).

Los objetivos de mi investigación estuvieron pensados y orientados dentro de ese contexto de análisis. Mis estudios constaron de diferentes estrategias de análisis que estuvieron orientados hacia, (a) examinar los contenidos artefactuales del sitio, en tanto su composición y proporción, obtenidos tanto en recolección superficial como en excavación, (b) efectuar una caracterización de los principales rasgos de organización arquitectónica del sitio, (c) realizar un primer acercamiento a la funcionalidad del sitio.

El uso del espacio y la organización espacial del asentamiento fueron de especial importancia para este estudio. Es por ello que se realizamos diferentes tareas orientadas hacia, (a) evaluación del paisaje (natural y cultural), a fin de articular resultados sobre características topográficas, accesibilidad y visibilidad del sitio, (b) efectuar el relevamiento planimétrico y descriptivo del sitio, atendiendo a un registro sistemático de cada una de las estructuras presentes en el sitio.

Para el registro de las estructuras tuvimos en cuenta la morfología de la planta y los componentes arquitectónicos (pared simple, doble, técnicas, aberturas, etc.). Con este fin empleamos categorías descriptivas para subdividirlas (p.e. rectangulares, subrectangulares, circulares, etc.).

Se esquematizó la configuración general del sitio en seis «sectores de análisis» (Ss-1 al Ss-6) tomando en cuenta factores topográficos y la relación entre estructuras. Cada estructura registrada fue designada con siglas y su correspondiente número identificatorio (E1 a E33).

Por otra parte, en razón que fueron registrados activos procesos postdepositacionales en el sitio, y considerando que estos tenían directa incidencia sobre la densidad y distribución de materiales en superficie, se decidió efectuar evaluaciones orientadas al registro de la variabilidad, potencialidad y magnitud de estos procesos en sucesivos trabajos de campo.

El sitio fue recorrido íntegramente atendiendo a la zonificación propuesta. De esta manera, se delimitaron zonas de afección y se realizaron tareas de recolección de materiales en superficie. Las zonas de concentración de materiales fueron registradas a través de georeferenciación y mapeo.

Estos trabajos nos permitieron obtener porcentajes de distribución y densidad, según sectores, basados en la cuantificación de los materiales, subdivisión por tamaño (pequeño, mediano y grande), peso, localización y agente causante.

Los materiales recuperados en esas tareas, así como también los obtenidos en tareas de seguimiento ante el alambrado del sitio (Manasse et al. 2004), conformaron un conjunto particularmente significativo, pero fundamentalmente «complejo» en su diversidad.

Destacamos la abundante cantidad de fragmentos cerámicos recuperados, todos ellos asignados a momentos muy tardíos de ocupación del valle, principalmente Santamariano bicolor, Belén, FNR e Inka, y en menor medida

FNG y Santamariano tricolor. También fueron recuperados restos óseos, material metálico y lítico, aunque estos últimos en proporciones menores.

Todos estos materiales fueron objeto de análisis tendientes a su caracterización y descripción, siempre de acuerdo a los parámetros ya establecidos dentro del proyecto macro en el cual se inserta esta investigación.

La muestra cerámica fue analizada a niveles macro y microscópicos[1]. Se tuvo como indicadores a determinados atributos tecnológicos y morfológicos, entre ellos: características de la pasta, tamaño de los fragmentos [pequeños (< 02 cm.), medianos (entre 02 a 06 cm.) y grandes (> 06 cm.)], tratamiento de superficie (decorados [fragmentos con presencia de pintura, engobe, bruñido, apliques, incisión-grabado, etc], no decorados [aquellos fragmentos que no presentan algunos de los tipos mencionados anteriormente], e indeterminados [fragmentos que por presentar determinado grado de erosión, o por su reducido tamaño no pudieron ser asignados a alguna de las otras dos categorías], alteraciones postdepositacionales (p.e. descascarado, rodamiento, pintura desvaída, etc.), análisis de fragmentos diagnósticos (bordes, bases), tareas de remontaje, determinación de formas presentes, etc.

Por otra parte, como parte de estrategias empleadas a fin de obtener una calibración de la variable temporal en el sitio, se decidió efectuar excavaciones estratigráficas en lugares especialmente seleccionados del sitio.

Fueron realizados cuatro sondeos estratigráficos de 1,20 x 1,20 mts. (E15, E10, E9 y E5) y uno de 1,50 x 1,50 mts (E18) (ver Plano 2, en Capítulo VII). Cada uno de estos sondeos fueron denominados con las iniciales del sitio, acompañado por la designación de cada estructura con su correspondiente número identificatorio (p.e LCZVIIIS1-E5Sn1).

El «punto cero» o de referencia de la excavación estuvo localizado de forma permanente en un punto alto de una piedra de gran tamaño del afloramiento rocoso, localizado en el límite Norte de la E17. Desde allí se orientó el sistema de coordenadas con la que se rigieron las excavaciones[2].

El registro del trabajo en las excavaciones estuvo sistematizado siguiendo planillas prediseñadas en el marco del Proyecto de Investigación dirigido por la Lic. Bárbara Manasse.

Al comienzo de cada una de las excavaciones se consignaron en esas planillas datos relacionados a factores naturales (topografía actual del terreno, cobertura vegetal), datos arqueológicos relevantes visibles en superficie (información sobre paredes de los recintos y detalles acerca de su construcción [ancho de paredes, el tamaño de las piedras, etc.], estado de conservación, como así también la recolección sistematizada de material arqueológico, etc.).

Seguidamente se procedía a confeccionar una primera planta del sondeo en papel milimetrado (escala 1:10) tomando puntos del terreno con instrumento de medición óptico (Nivel Leica NA724). En cada uno de estos pasos se tomaron fotografías digitales, siendo registradas y numeradas en su correspondiente ficha.

En cada una de las excavaciones se prestó particular atención al registro de la estratigrafía. Para ello tomamos en cuenta variaciones en las características visibles en los sedimentos (color, textura, granulometría, etc.), correlacionándolo (si así fuera el caso) con otros rasgos como eventos naturales (cueva de roedores, nidos de coleópteros, etc., y los hallazgos asociados. Se realizó una sistemática recolección de muestras de sedimentos de cada unidad estratigráfica y, en casos determinados, se tomaron muestras de sedimentos para flotación[3].

Cada uno de los hallazgos que se recuperó en excavación fue localizado espacialmente y numerado secuencialmente de acuerdo a la unidad estratigráfica en los que aparecían. La numeración correlativa de cada hallazgo finalizaba al culminar la excavación de cada unidad estratigráfica (UE), para comenzar nuevamente desde el N° 1, en adelante, al comienzo de una nueva UE[4].

Luego de completar cada uno de estos pasos se recolectó cada hallazgo y se los colocó en bolsitas individuales con su correspondiente ficha identificatoria, en la que consignábamos sus datos de proveniencia, unidad estratigráfica, estructura, y se los refería a categorías tales como cerámica, lítico, óseo (animal-humano), botánico, etc.

El sedimento removido en cada paso de la excavación fue colocado en baldes para su inmediata tarea de zaranda, siempre de acuerdo al estrato. De igual modo, cada uno de los hallazgos que se recuperaban en zaranda fue sistemáticamente colocado en bolsitas y fichas identificatorias a tal fin.

Al culminar la excavación de cada Unidad Estratigráfica se levantaba la planta correspondiente, hasta arribar al nivel estéril (o roca madre). Finalmente, se realizaron dibujos de los perfiles (escala 1:10) en los que se representaba sus límites y características.

Una vez finalizada cada excavación, cada uno de los sondeos fue tapado con el sedimento removido originalmente para su protección.

Al finalizar cada trabajo de campo se procedió al control de planillas, el recuento e inventario de materiales recuperados en excavación y su correspondiente embalaje. Tanto los materiales arqueológicos recuperados en excavación, como las muestras sedimentarias y las planillas completadas en trabajos de campo fueron trasladados al Laboratorio 4 de la Escuela de Arqueología (UNCa) para su análisis más detallado y sistemático.

Una vez en el laboratorio, como primera medida, todos los materiales fueron limpiados atendiendo principalmente a su estado de conservación. El material cerámico fue lavado con un pequeño chorro de agua corriente y limpiado con

*VI. Metodología*

cepillos pequeños de cerda blanda, en algunos casos los fragmentos fueron cepillados en seco para una mejor preservación del agregado de pintura (p.e. fragmentos Santamarianos). Igual procedimiento general se realizó con el material lítico. El material óseo, por su estado fragmentario y poco consolidado fue limpiado en seco.

Cada hallazgo fue numerado-siglado de acuerdo a una categorización convencional adoptada por el proyecto, respetando en cada caso la identificación individual conferida en el terreno y registrada en planillas (ver Anexo Planillas).

En cada caso se realizó un detallado y pormenorizado análisis de los materiales atendiendo a los diferentes niveles de profundidad, localización espacial, posición (horizontal, vertical, inclinado), integridad de la muestra, alteraciones visibles en superficie, relación a eventos de perturbación naturales (cuevas de roedores, pisoteo, etc.).

Todos los datos obtenidos en análisis de laboratorio fueron digitalizados en computadora (software Word, Excel y Autocad) para la realización de análisis estadísticos y gráficos.

Los resultados obtenidos en esta investigación serán expuestos a continuación.

---

**Notas**

[1] Algunos de los datos obtenidos en estas investigaciones corresponden a trabajos efectuados por Manasse y Páez, como parte de sus estudios Doctorales.

[2] Datum: S 26°49'57,5" O 65°41'33,6" - h:2338 mts.

[3] Las muestras obtenidas en planta fueron de aproximadamente 500 grs, y las muestras obtenidas de perfiles oscilaban alrededor de los 50 grs. Estas muestras se encuentran actualmente bajo estudio.

[4] La documentación de los hallazgos se realizó en una planilla prediseñada en donde se consignó localización espacial (dentro de la cuadrícula y su profundidad), tipo de material, su posición al momento del hallazgo (inclinado, vertical, horizontal).

 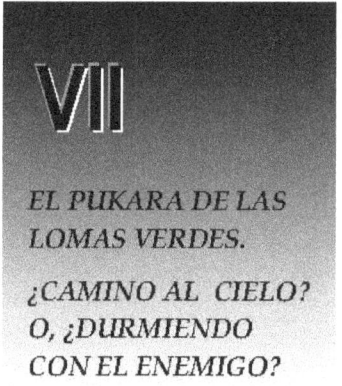 

# VII

## EL PUKARA DE LAS LOMAS VERDES.
## ¿CAMINO AL CIELO? O, ¿DURMIENDO CON EL ENEMIGO?

### VII.1 CARACTERIZANDO AL PUKARA DE LAS LOMAS VERDES

El sitio cuyo estudio estamos abordando se localiza en la Zona de Intervención Arqueológica VIII, y fue identificado como Sitio N°1 (LCZVIII-S1). Se encuentra localizado sobre un morro en el extremo terminal de una de las estribaciones orientales del Filo de Las Micunas, a unos 2410 msnm. (ver fotografías VII.1 y VII.2).

Mediciones efectuadas con navegador satelital permitieron obtener los puntos 26° 50' 00" de latitud Sur y 65° 41' 30,9" de longitud Oeste, a la altura de un mortero ubicado en una de las estructuras del sitio, conocido localmente como «Pie del Indio»[1] (ver fotografía VII.11).

La topografía del asentamiento se caracteriza por estar conformada a modo de dos «pisos» naturales. Una parte alta central, de relieve llano en gran parte de su extensión, conectada con un piso inferior hacia el Este, Oeste y Sur, a través de pendientes de gradiente variable (ver fotografía VII.3).

La elección del terreno y el diseño del asentamiento debieron responder a diferentes factores. En este sentido, se aprovechó prácticamente toda la configuración natural del terreno para la instalación de recintos, como así también se valieron de rocas del afloramiento natural para la conformación de las paredes de los mismos. Este sitio cuenta, además, con un fácil acceso a recursos como agua y leña y se encuentra articulado espacialmente a espacios cercanos, utilizados para la agricultura y el manejo de ganado (Manasse 2002a, 2003).

Nuestras primeras tareas en el sitio estuvieron destinadas a realizar un registro y descripción sistemática de cada una de las estructuras presentes en el sitio. Para el registro de las estructuras tuvimos en cuenta la morfología de la planta y los componentes arquitectónicos (pared simple, doble, aberturas, etc.). Empleamos categorías descriptivas para subdividirlas (rectangulares, subrectangulares, circulares, etc.).

La visibilidad de las estructuras es buena en términos generales, pudiéndose apreciar las paredes que las conforman-delimitan. Aunque pudimos constatar que, en determinados casos, algunas estructuras fueron parcialmente destruidas por acción antrópica reciente[2]. No obstante esto, es clara la integración espacial de las distintas

Fotografía VII.1. Vista área del Pukara (desde el Noroeste).

Fotografía VII.2 Vista desde el Norte del sitio LCZVIIIS1.

Fotografía VII.3. Vista desde el Norte del sitio. Las flechas a la derecha señalan al puesto (inferior) y los corrales actuales (superior). Las líneas punteadas subdividen al sitio en sus partes alta y baja. Las flechas refieren a los sectores bajos del sitio (Sector 5 [occidente – derecha-medio] y Sector 6 [oriente - izquierda])

estructuras arquitectónicas y la unicidad de todo el conjunto, pudiéndose distinguir espacios públicos como privados (Patané Aráoz et al. 2002).

El conjunto general de las estructuras, si bien presentan diferencias en morfología y tamaños, fueron confeccionadas según las técnicas conocidas para los asentamientos locales tardíos de la región. En el sitio se encuentran estructuras cerradas de morfología heterogénea, (circular, subcircular, cuadrangular y subcuadrangular) y otras abiertas (hileras de piedra simple).

Para la construcción de las paredes se utilizaron bloques de granito de distinto tamaño y morfología, sin utilización de mortero.

Por otra parte, la ocupación de un terreno elevado, de topografía restringida y difícil acceso, con pendientes muy pronunciadas, especialmente hacia el Este y Oeste (ver fotografías A.4 y A.5 en Anexo Fotografías), le brindan al sitio un carácter defensivo y estratégico. Desde S1 se tiene, no solo una panorámica muy amplia del valle, sino de todos aquellos sectores inmediatos que lo rodean.

Actualmente se accede al sitio por un único sendero que se localiza hacia el flanco Este del filo. Éste sería su sector más vulnerable, aunque no presenta mayor «defensa» que un muro perimetral en la parte «baja» del sitio (ver fotografías A.8 hasta A.14 en Anexo Fotografías).

Este muro fue recorrido y registrado en detalle. Actualmente se encuentra en mal estado de conservación, siendo casi irreconocible en algunos tramos. Bordea al sitio por su parte baja Oriental, mientras que hacia el Oeste ya no se lo observa con tanta claridad, su ausencia en este sector podría deberse a la protección natural brindada por abruptas pendientes.

Registramos que en algunos tramos este muro fue construido en doble hilera de piedras, mientras que en otros sectores es simple. En promedio alcanza los 0,50 – 0,60 mts. de altura con respecto a la superficie actual del terreno (Patané Aráoz et al. 2002).

## VI.2 SECTORIZACION DEL SITIO

Tomando en cuenta la articulación-relación entre factores topográficos (localización, altitud, distancias) y la localización de estructuras (contigüidad o aislamiento de estructuras), se esquematizó la configuración general del sitio en seis «Sectores de análisis» (Ss-1 al Ss-6).

Nuestro análisis identificó dentro de cada Sector a las diferentes estructuras existentes, siendo designadas estas por siglas y su correspondiente número identificatorio (E1 a E33) (Patané Aráoz et al. 2002; ver Plano con sectorización en Anexo Fotografías).

Los Sectores que corresponden al piso superior fueron denominados Ss-1 al Ss-4, han sido definidos tomando en cuenta la distribución de las estructuras arquitectónicas. Los Sectores que corresponden al piso inferior (Ss-5, al Oeste y Ss-6 al Este), fueron individualizados por su localización relativa.

La mayor concentración de estructuras se localiza en toda la parte alta del sitio (Ss-1 al Ss-4), la superficie regular del terreno posibilita aquí una distribución homogénea en la disposición espacial. El sector 6 (Ss-6) del sitio, hacia el oriente y en la parte baja, presenta también espacios llanos aptos para la instalación de recintos, pero ha sido utilizado en gran medida (ver Plano 1 y fotografías VII.12 y 13). Tal vez esto pudo deberse una forma de defensa del sector de mayor concentración de población.

A continuación brindaré una descripción acotada de cada sector, tomando como punto de partida los sectores localizados en la parte alta del terreno.

• SECTOR 1 (Ss-1)

Ss-1 ocupa la porción meridional del sitio y es el sector de mayor extensión de los localizados en la parte alta del sitio. Desde un punto de vista topográfico, ocupa un área caracterizada por un marcado desnivel ascendente a medida que avanzamos hacia el Sur, tornándose más llano hacia Ss-2 y Ss-3 (ver fotografía VII.4).

La visibilidad y conservación de las estructuras de Ss1 es buena en términos generales. Aquí se encuentra una diversidad de estructuras, recintos cerrados y alineamientos simples de piedras dispuestas en forma casi paralelas (ver Plano 1).

Ss-1 puede ser subdividido a su vez en dos sectores claramente diferenciados. Por una parte, en la porción Sur de Ss-1, se registraron un conjunto de estructuras arqueológicas de diversa morfología (cerradas y abiertas) en muy buen estado de conservación. En cambio, hacia el Norte, se manifiestan claramente afecciones recientes de origen antrópico. Allí se construyó un puesto y dos corrales de uso semipermanente por lugareños (ver fotografía VII.5).

Para la construcción del puesto y los corrales se utilizaron numerosas piedras de recintos arqueológicos tanto de este sector, como de Ss-2 (Patané Aráoz 2007, Patané Aráoz et al. 2002). Sin embargo, aún son visibles en lugares específicos de este espacio alineamientos de piedras que emergen levemente en superficie, seguramente restos de recintos prehispánicos.

• SECTOR 2 (Ss-2)

Este sector se ubica en la porción central y más llana de la parte alta. Conforma un gran recinto en piedra de planta cuadrangular, que delimita un amplio espacio interior (¿patio?). Su longitud, en dirección Norte-Sur, es de 14,80 mts y su eje Este-Oeste, un poco más amplio, es de 17,60 mts (ver fotografía VII.6).

Presenta dos vías de acceso, ubicadas en el centro de los muros Norte y Sur, que permiten su comunicación con Ss-1 (hacia el Sur) y con Ss-3 (hacia el Norte) respectivamente.

Fotografía VII.4. Vista área del sitio. Las líneas punteadas delimitan el espacio definido como Ss-1. El área menor contenida dentro de Ss-1 delimita los corrales actuales.

Fotografía VII.5. Vista desde el Norte, en primer plano el puesto actual, hacia el fondo se observa uno de los dos corrales actuales (en ampliación). Nótese la cantidad de piedras removidas de las estructuras arqueológicas del sitio.

Fotografía VII.6. Vista desde el Sudoeste de Ss-2 (señalado en líneas punteadas). Las flechas a la izquierda ubican a E11 y E10 (occidente del sitio). Abajo y hacia la izquierda de la foto se señala a E9 y a continuación una hilera de piedras localizada hacia el centro del sector.

Fotografía VII.7. Vista desde el Norte, en primer plano la Estructura 17.

Fotografía VII.8. Vista desde el Suroeste, en primer plano la Estructura 14. Se señala un mortero confeccionado en roca sésil a la «entrada» de la misma.

En el interior de este sector, hacia el Oeste, se localizan E8 y E9. Estas dos estructuras de forma subrectangular se encuentran adosadas entre ellas, contra la pared Oeste del Sector. A un metro de estas estructuras se despliega una hilera doble de piedra que corre en dirección Norte-Sur, en forma casi paralela a las paredes Este de E8 y E9. Hacia el final de esta hilera, hacia el Sur, se encuentra ligada con otra hilera de piedras que se desprende de E8 en sentido Este, cortando perpendicularmente a la primera hilera.

Por fuera de la pared oriental de Ss-2, hacia el Sur, se localizan E10 y E11. Estas dos estructuras se emplazan específicamente en un sector intermedio de las suaves pendientes que comunican la parte alta del sitio con el Sector 5, hacia el Oeste.

• SECTOR 3 (Ss-3)

Este sector se localiza hacia el Sur de Ss-2, aquí fueron registradas seis estructuras (ver Plano del sitio). E17, hacia el Norte, es un recinto rectangular con su eje mayor en dirección Este-Oeste (14,40 por 3,80 mts. [ver fotografía VII.7]) a las que se adosan, en su pared Sur, dos estructuras (E14 y E15).

Hacia el Sur del sector, y en extremos opuestos (Este y Oeste) se localizan dos recintos. E12 (al Oeste) es una estructura circular que se encuentra en muy mal estado de conservación, en razón que fuera excavada casi completamente y no fue rellenada para su protección, es por eso que varias de las piedras que conformaban sus paredes se encuentran desplomadas en superficie. E13 (hacia el Este), no presenta buena visibilidad, ya que se encuentra en gran parte cubierta por sedimento. Aunque parece conformar una estructura circular.

El espacio central de este sector, de gran amplitud, se encuentra libre de construcciones (¿patio?).

• SECTOR 4 (Ss-4)

El Sector 4 (Ss-4) se localiza en la porción septentrional de la parte alta del sitio. Desde aquí se tiene una visión inmejorable del valle y un buen control de las laderas y accesos al mismo (ver fotografía VII.9). De igual modo, desde este sector se tiene una muy buena visión de los sectores más bajos del sitio (Ss-5 al Oeste y Ss-6 al Este).

Ss-4 está compuesto por una diversidad de estructuras

Fotografía VII.9. Tomada desde la Estructura 20 (Ss-4), nótese la extensa panorámica de todo el valle que se obtiene desde esta parte del sitio.

Fotografía VII.10. Vista desde el Norte, se señalan las Estructuras 21 (derecha) y 23 (izquierda), ambas correspondientes al Sector 4.

Fotografía VII.11. Vista desde el Norte de los morteros confeccionados en roca sésil, denominados como «Pie del Indio».

arquitectónicas, cerradas y lineamientos simples de piedras (ver Plano del sitio, y fotografía VII.10).

Un rasgo distintivo de este Sector es una piedra granítica de gran tamaño en la que fueron confeccionados tres hoyos de morteros. Dos de ellos, en particular, se encuentran unidos de tal forma que a simple vista parecen conformar la planta de un pie humano. Es por esta razón que los lugareños denominaron familiarmente a este sitio como «Pukara del Pie del Indio» (ver fotografía VII.11).

• SECTOR 5 (Ss-5)

Los Sectores 5 y 6 se localizan en la porción inferior del sitio. Específicamente, Ss-5 se ubica en el faldeo Occidental, vinculado con la parte alta a través de pendientes pronunciadas.

Su topografía, estrecha y poco transitable, no ofrece la posibilidad de instalación de recintos. Aquí solo registramos la presencia de una hilera de piedras (E 25) a modo de muro perimetral, aunque en determinados sectores presenta un recorrido irregular o discontinuo. Este muro está conformado por piedras seleccionadas y piedras del afloramiento natural (ver fotografía VII.12).

En este Sector, al igual que en otros lugares del sitio, detectamos evidencias de huaqueo reciente. Por otra parte, ha sido sistemáticamente el Sector en donde se recuperaran en superficie la mayor cantidad de material arqueológico producto de procesos postdepositacionales (Patané Aráoz 2007).

• SECTOR 6 (Ss-6)

Este Sector se encuentra localizado sobre el faldeo oriental del sitio. A diferencia de Ss-5, presenta una configuración del terreno más llana y espaciosa, apto para la instalación de estructuras. Sin embargo, como ya mencioné, no cuenta con la misma densidad edilicia que el sector elevado del sitio (ver fotografía VII.13).

En este Sector se reconocieron una serie de estructuras cerradas de diversa morfología, ocupando principalmente la porción Sur del Sector. Se trata de recintos adosados, conformando dos conjuntos separados entre ellos, aunque en cercanía espacial (ver fotografía VII.14). Por otra parte, hacia el Norte de este Sector, se identificó una serie de alineamientos de piedra dispuestos en forma casi paralela, tal vez conformando muros de contención.

Unos metros por debajo de estas estructuras, ya sobre las pendientes, se localizaron tramos del muro perimetral referido anteriormente. A diferencia de Ss-5, este muro se registra aquí con mayor claridad, manteniendo un recorrido continuo desde el Sur del sitio (Ss-4) hasta la porción media del sector (ver fotografías A.8 a 14, en Anexo Fotografías).

## VII. 3 «CAUSA Y EFECTO». ¿A QUÉ LE DEBEMOS TANTOS MATERIALES ARQUEOLOGICOS EN SUPERFICIE?

Nuestros primeros trabajos en el sitio nos alertaron sobre una particularidad, en superficie afloraban constantemente en diferentes épocas del año, abundante cantidad de materiales arqueológicos. Hecho que no se registraba en otros sitios aledaños.

A fin de efectuar evaluaciones orientadas al registro de la variabilidad, potencialidad y magnitud de aquellos procesos naturales y culturales, se emprendieron sucesivos estudios en el sitio. Estos trabajos fueron realizados en cada una de las estaciones del año. Nuestro objetivo tuvo como prioridad la observación y el registro de procesos actuantes,

Fotografía VII.12. Vista desde el Sur de una porción del Sector 5. Nótese el relieve, particularmente estrecho y con pendientes muy pronunciadas. Las flechas en señalan el muro referido en el texto (ver también el Plano del Sitio).

Fotografía VII.13. Vista desde el Sur del Sector 6, tomada desde una de las estructuras ubicada en la porción superior del sitio (E 20, Ss-4)

Fotografía VII.14. Vista desde el Sureste, hacia la izquierda de la fotografía se observan las pendientes que comunican la parte alta del sitio con el Sector 6. Hacia la derecha se aprecian las Estructuras 27, 28 y 29 (ver Plano del sitio).

de forma paralela se registró y recolectó de forma intensiva los materiales arqueológicos en superficie. Este estudio partió de una zonificación, mencionada anteriormente, que subdivide al sitio en seis sectores de análisis. En cada campaña el sitio fue recorrido íntegramente, respetando esta zonificación, delimitando zonas de afección, concentración de materiales y recolección a través de georeferenciación y mapeo.

Los resultados obtenidos pueden ser sintetizados del siguiente modo, (a) el paisaje de S1 es particularmente activo debido a factores naturales, en mayor medida por acción de pequeños mamíferos cavadores [«tucu-tucu», Ctenomys sp.], lluvias estivales y por acción de plantas y raíces y antrópicos, huaqueo y utilización de piedras de las estructuras arqueológicas, (b) los materiales arqueológicos hallados, fundamentalmente fragmentos cerámicos, se encontraban generalmente diseminados o agrupados en pequeños «montículos» o «conos» (generados por los «tucu-tucu») o concentrados en material sedimentario arrastrado por las pendientes, (c) encontramos que estos procesos generaban una distribución heterogénea del material arqueológico, siendo relativamente baja en la parte elevada del sitio (Ss 1, 2, 3 y 4) vs. sectores con picos de alta densidad de hallazgos fundamentalmente en todo el área de pendientes más pronunciadas (Ss-5 y 6) (Patané Aráoz 2007).

En suma, estas tareas nos permitieron individualizar y caracterizar tipo, efecto y magnitud de procesos actuantes en el sitio y sus implicancias en el registro arqueológico. Especialmente destacamos que la relación resultante entre procesos actuantes en el sitio y los patrones de distribución / densidad de material arqueológico adoptan el carácter de

## VI. Metodología

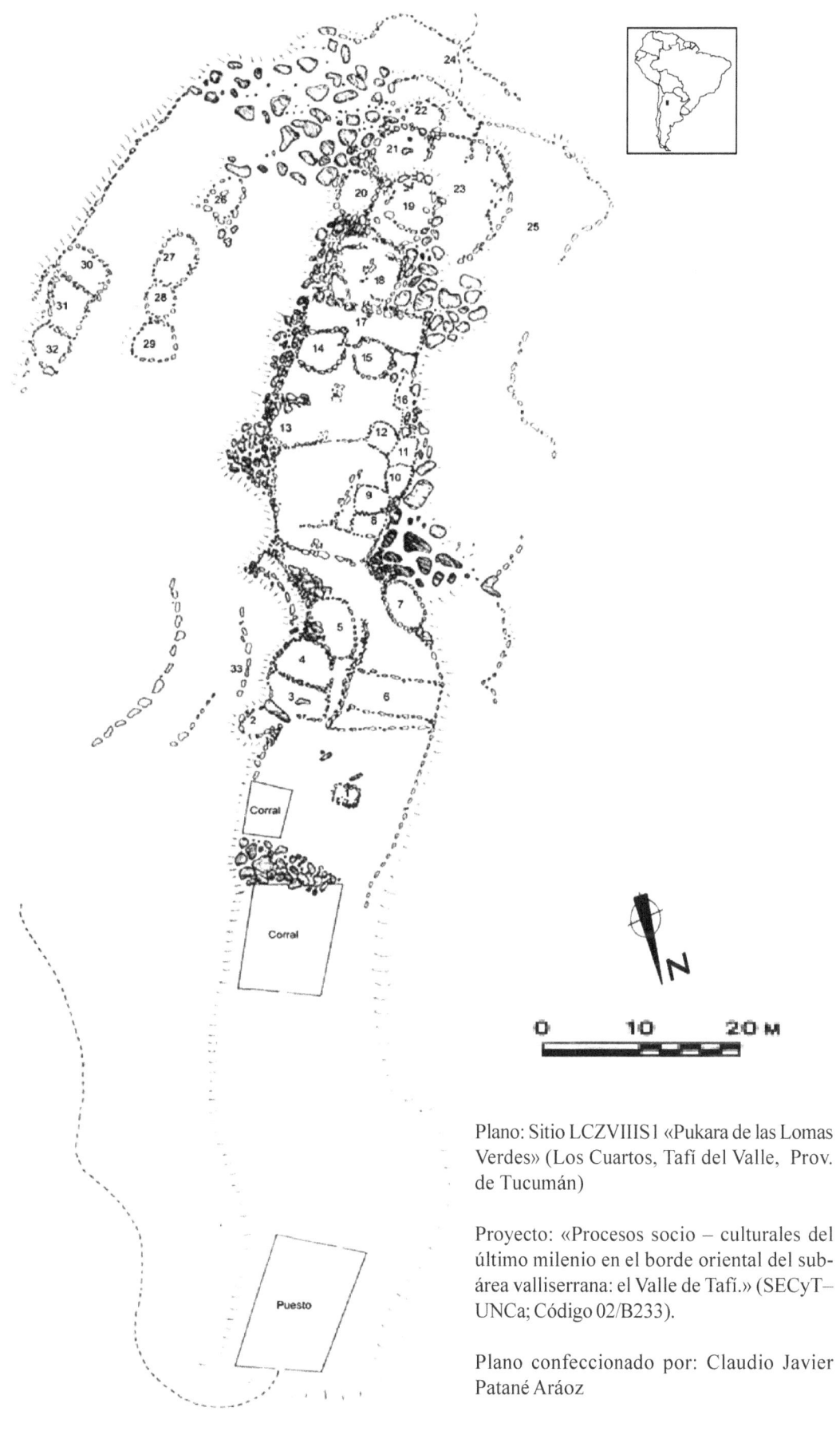

Plano: Sitio LCZVIIIS1 «Pukara de las Lomas Verdes» (Los Cuartos, Tafí del Valle, Prov. de Tucumán)

Proyecto: «Procesos socio – culturales del último milenio en el borde oriental del sub-área valliserrana: el Valle de Tafí.» (SECyT–UNCa; Código 02/B233).

Plano confeccionado por: Claudio Javier Patané Aráoz

Plano 1.

| Tipo Cerámico | Tosco | SMB | Belén | Inka | FNR | FNG | SM N/R | SMT | Indet. | Total |
|---|---|---|---|---|---|---|---|---|---|---|
| Totales | 1262 | 289 | 95 | 83 | 61 | 22 | 19 | 2 | 414 | 2247 |
| Porcentaje | 56,16% | 12,86% | 4,23% | 3,69% | 2,71% | 0,98% | 0,85% | 0,09% | 18,43% | 100% |
| | decorados n=571 | | | | | | | | | Tabla VII.1 |

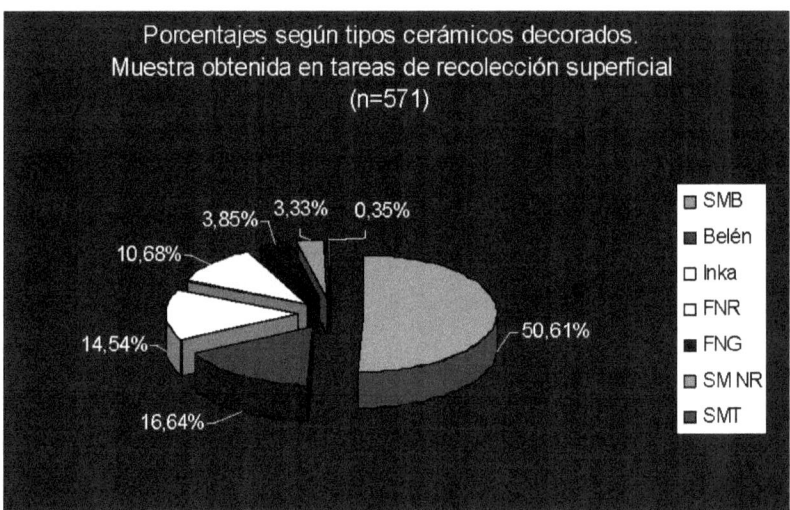

Gráfico VII.1

«causa-efecto», reflejándose en el sitio de manera diferencial de acuerdo a la variabilidad estacional (Patané Aráoz 2007).

Por otra parte, quiero destacar que el conjunto cerámico total recuperado en estas tareas estuvo compuesto por 2247 fragmentos. Sobre estos se efectuaron una serie de análisis, ya sea a nivel macro y microscópicos, algunos de ellos permanecen en etapa preliminar. Más debo subrayar que obtuvimos una primera aproximación orientada a una caracterización tipológica de los mismos. Los porcentajes obtenidos pueden observarse en la Tabla VII.1 y Gráfico VII.1[3]

### VII.4 LOS MATERIALES REGISTRADOS EN EL SITIO

En cuanto a los materiales arqueológicos obtenidos en el sitio, conforman un conjunto particularmente significativo, pero fundamentalmente «complejo» en su diversidad.

Estos fueron recuperados a través de recolecciones superficiales sistemáticas (por sectores, por transectas), seguimiento del alambrado perimetral del sitio (Manasse et al. 2004) y excavaciones. Se trata principalmente de fragmentos cerámicos, y en menor medida elementos líticos, óseos y metales.

Los materiales líticos registrados en superficie han sido diversos. Por un lado, registramos 13 morteros, ya sea sobre rocas sésiles o bien portátiles (ver fotografía VII.15 y 16), además de algunas moledoras.

La materia prima registrada también ha sido variada. Entre ellas la local, como el cuarzo blanco (lascas y desechos), también cuarcita roja y verde (lascas externas, extraídas de nódulos no muy grandes).

Considero importante subrayar la presencia de material alóctono, me refiero a distintas variantes de obsidiana, traslucida y negra (ver fotografías VII 17 a 19). De acuerdo a estudios preliminares, la Dra. Patricia Escola sugiere una proveniencia de al menos tres fuentes diferentes: Ona (Salar de Antofalla, Antofagasta de la Sierra, Catamarca), Cueros de Purulla (Antofagasta de la Sierra, Catamarca), Valle Ancho (Tinogasta, Catamarca).

Los hallazgos de restos óseos han sido escasos, de ellos la mayoría no pudieron ser identificados debido a un alto grado de meteorización, o bien por su reducido tamaño. Se identificaron restos de fauna de origen europeo, pero también de camélidos y algunos restos humanos (ver fotografía VII.20).

Los materiales cerámicos conforman una proporción abrumadoramente superior al resto. Básicamente se trata de una muestra, (a) fragmentaria y con alto porcentaje de elementos en mal estado de conservación, (b) compuesta principalmente por elementos de piezas utilitarias[4], y (c) sesgada por el huaqueo e intensos procesos postdepostacionales. De hecho, los remontajes efectuados no arrojaron resultados alentadores.

*VI. Metodología*

Fotografías VII.15 y 16. Vista de morteros confeccionados sobre roca sésil, localizados ambos en Ss-3 (ver también fotografías VII.8 y VII.11)

Fotografías VII.17 a 19.

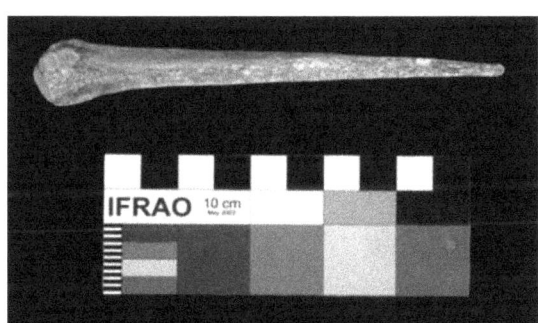

Fotografía VII.20. Elemento óseo punzante.

Fotografía VII.21

Los fragmentos decorados responden a tipos tardíos de ocupación del valle (ver Tabla VII.1 y Gráfico VII.1)[5]. Entre ellos, los fragmentos del tipo Santamariano constituyen una proporción mayoritaria. Corresponden a urnas funerarias y pucos o escudillas, siendo estos mayoritariamente bicolores (N/B y en menor medida N/R), con pocos fragmentos tricolores (N y R/B, [ver fotografía VII.21]). Los de tipo SM Bicolor presentan diversos diseños, principalmente ofidios bicéfalos, además de figuras geométricas. Recuperamos también algunos apliques (p.e. de rostros antropomorfos) y asas de urnas que conservan su pintura original (ver fotografías VII.22 a 27).

La cerámica Famabalasto Negro Grabado (FNG), interpretada como parte del conjunto cerámico de lo Santamariano (Palamarzuk y Manasiewicz 2001), apareció en proporciones relativamente bajas en el sitio.

Este tipo de material fue registrado en mayores densidades en otros sitios de la parte baja del área (Los Cuartos y Barrio Malvinas) (Manasse 2004, ver fotografía V.3, Capítulo V).

La alfarería de tiempos inkaicos la clasificamos, siguiendo la propuesta de Calderari y Williams (1991), en inka cuzqueño, inka provincial, inka mixta y de la fase inka.

De las piezas que imitan la morfología cuzqueña se registraron aríbalos, platos pato y ollas en pie. Diversidad que, a priori, nos ofrece una perspectiva de complementariedad morfo-funcional de las vasijas

Fotografías VII.22 a 27. Corresponden a una muestra del material Santamariano bicolor (N/B) recuperado en recolecciones superficiales realizadas en el sitio. Ver referencias en el texto

empleadas en este sitio (servicio, preparación y presentación de alimentos y bebidas (ver Bray 2003). Los diseños registrados en estos fragmentos responden a los tradicionales inkaicos geométricos (triángulos, banderines, «clepsidras»).

Una de las formas alfareras inkas más representadas en el sitio son los platos, o cuencos poco profundos[6]. Se reconocieron bases, sectores de cuerpo, bordes y apéndices (cabezas de pato y protuberancias asemejables a «colas» [Páez y Patané Aráoz 2007], ver fotografías VII.28 y 29).

Las cabezas zoomorfas presentan alta variabilidad morfológica, siendo difícil encontrar cabezas similares o en la disposición de los ojos, inclinación del cuello, forma y tamaño del pico. De igual manera, hay cierta variedad en lo que respecta a los tratamientos de superficie y decoraciones. Las superficies de estas piezas fueron trabajadas mediante las técnicas de alisado y pulido. La aplicación de engobe fue registrado en casi la totalidad de las superficies interna y externa de los fragmentos analizados.

Recientes estudios tecnológicos aportaron importante resultados. Análisis efectuados a través de cortes delgados sobre fragmentos de «plato pato» recuperados en este sitio reconocieron la presencia de microtiestos en las pastas de más de la mitad de la muestra analizada. Esta característica tecnológica ya fue registrada para momentos tardíos del valle de Tafí, en alfarería Santamariana (Páez 2005, Páez et al. 2005). Otro aspecto de interés fue la presencia de inclusiones piroclásticas blanquecinas en las pastas, aunque estas no fueron registradas junto al uso de tiesto molido (Páez y Patané Aráoz 2007).

En cuanto a los aríbalos, vasijas restringidas de cuerpo globular con cuello angosto y bordes evertidos, se recuperaron varios fragmentos (cuerpo, asas y bordes). La mayoría presenta pintura negra sobre engobe o baño rojo, aunque en algún caso presentan diseños en negro de elementos inka («banderines») sobre un baño crema (ver fotografías VII.30 a 32).

Recuperamos un solo fragmento que responde a los clásicos diseños imperiales. Se trata de un fragmento de tamaño medio, probablemente de «plato pato», que en su superficie interna presenta diseños en negro y rojo sobre un fondo crema (ver fotografía VII.33).

De destacar también es la fusión en la cerámica de elementos inkas con los provinciales (Inka Mixto). Un fragmento de tamaño mediano, probablemente también de plato pato, presenta en su superficie interna las clásicas «llamitas» estilizadas pintadas en negro sobre fondo rojo (Inka Pacajes, ver fotografía VII.34)[7].

Entre los tipos cerámicos que corresponden a tradiciones estilísticas del NOA que persistieron sin sufrir demasiadas transformaciones bajo el dominio inka (Fase Inka) - usualmente asociados a poblaciones mitimaes- aparece en el sitio el Famabalasto Negro sobre Rojo (ver fotografías VII.35 a 37).

Análisis efectuados en esta muestra aportaron algunos datos interesantes. En primer lugar, registramos una alta diversidad en cuanto a la forma de los bordes presentes, que nos remite a una gran variedad de formas cerámicas. De estos fragmentos también registramos cierta variedad

Fotografías VII.28 y VII.29. Nótese en VII.28 (fragmento de gran tamaño de plato pato) que en su superficie interior aún conserva restos de diseños clásicos inkaicos. VII.29, fotografía de tres «cabezas de pato» sobre un total de 10 recuperadas en el sitio.

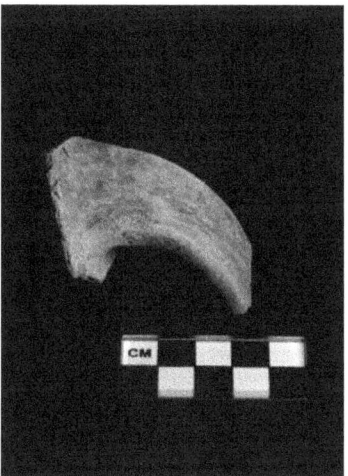  

Fotografías VII.30, 31 y 32

Fotografía VII.33

Fotografía VII.34

en cuanto a la tonalidad aplicada de fondo, en algunos casos es de color rojizo fuerte, otras veces alcanzando una tonalidad cercana al rosado, mientras que en otros casos presenta un color marrón oscuro.

Un conjunto significativo en esta muestra corresponde también a cerámica de cocción oxidante con pintura negra sobre fondo rojo, con rasgos diagnósticos del tardío de los valles meridionales (Valle de Hualfín). Estos corresponden principalmente a fragmentos de urnas funerarias. Los diseños corresponden a serpientes bicéfalas, también motivos geométricos con líneas negras finas o gruesas (ver fotografías VII.38 a 43). Las variedades (o «fases») de estas urnas están actualmente bajo estudio (ver discusión en Manasse y Páez 2006).

Fotografías VII.35 a 37

Fotografías VII.38 a 43.

Un dato de gran interés obtenido en análisis efectuados sobre el material cerámico fue la identificación de altas densidades de inclusiones blanquecinas en las pastas del Santamariano (bi y tricolor), Belén e Inka (ver discusión en Manasse, Ovejero y Páez 2004, Páez et al. 2007, Páez y Patané Aráoz 2007). Pastas con similares características fueron registradas en sitios inkaicos del área valliserrana como Potrero Chaquiago e Ingenio del Arenal Médanos, ambos en Catamarca (Cremonte 1991), y otros del Norte del Valle Calchaquí, en Salta (Williams 2003).

Para finalizar, los elementos metálicos hallados en el sitio han sido escasos. La muestra está compuesta por dos elementos, ambos recuperados en recolección superficial. Uno de ellos es de tamaño pequeño, fragmentado y en mal estado de conservación (ver fotografía VII.44). El restante corresponde a una pieza en buen estado de conservación, se trata de un tumi (ver fotografía VII.45) Este último tipo de pieza habría sido incorporado al repertorio local del NOA junto a la expansión inkaica[8] (González et al. 1998-9).

Ahora bien, según los resultados obtenidos hasta aquí, comencé a delinear algunos aspectos de interés para esta investigación.

En primer lugar, el análisis de los conjuntos materiales recuperados en el sitio me permitió avanzar sobre aspectos cronológicos del sitio. Una representación dominante de

*VI. Metodología*

tipos cerámicos registrados (Santamariano, Belén, FNR e Inka) y el tumi, sugerían una ocupación de momentos de expansión y dominio inkaico en el NOA. A lo que debemos añadir la ausencia total de materiales que remitan al Formativo local u otros registros de tiempos coloniales.

Sin embargo, el patrón arquitectónico del sitio respondía a las características del Tardío del valle. No registramos algún tipo de evidencia de los clásicos diseños estructurales inkaicos (p.ej. RPC, collcas, etc.), o aún de remodelaciones en algunos sectores del sitio. Evidencias que, como ya fuera mencionado, se presentan en algunos sitios del valle de Santa María, Quebrada de Humahuaca o del valle de Vinchina.

Tomando en cuenta todas estas evidencias surgieron nuevas (y diversas) preguntas relacionadas, principalmente, a problemáticas particulares del sitio como así también a su inserción dentro del contexto general del valle. ¿Fue un sitio construido por poblaciones locales que fuera posteriormente (¿inmediatamente?) ocupado-utilizado por inkas (o sus mitimaes)?, o bien, ¿fue un sitio construido por poblaciones locales en tiempos de dominio inka, según sus propios estándares arquitectónicos? En definitiva, esta última inquietud derivó necesariamente hacia una problemática social específica, a través del análisis de este registro, ¿podíamos determinar si este sitio fue escenario de tensiones – negociaciones - resistencias o persistencias?

En relación a estas preguntas, y como parte de las estrategias de trabajos formulados para esta investigación, es que se decidió profundizar los estudios en el sitio con el propósito de, (a) alcanzar una mayor contextualización del aparente «desorden cronológico-cultural» registrado hasta el momento, (b) comenzar a delinear la funcionalidad del sitio, pero de manera que se privilegiara el estudio de determinados elementos que me permita conocer un pukara «por dentro», alejándome de las cargas conceptuales y/o tipológicas con las que usualmente se carga a este tipo de sitio, a las que ya me referí en el Capitulo IV.

Con tal fin, planificamos la realización de excavaciones en el sitio, escogiendo lugares que atendiendo a los objetivos planteados, respondieran también a ciertas cuestiones operativas. Así, por caso, buscamos evitar en la medida de

Fotografía VII.44

Fotografía VII.45

lo posible lugares con claras evidencias de alteraciones postdepositacionales.

Las excavaciones estuvieron orientadas hacia, (a) determinar la potencia arqueológica, registrar presencia y densidad de evidencias arqueológicas diagnósticas, obtención de información sedimentológica, (b) establecer posibles secuencias cronológicas y, (c) obtener información sobre la función de las estructuras.

Las estructuras seleccionadas para excavar fueron cinco, E5 (Ss-1), E9 y E10 (Ss-2), E15 (Ss-3) y E18 (Ss-4) (ver Plano 2, abajo). Los sondeos en E5, E9, E10 y E 18 se realizaron contra los muros de los recintos, en cambio el sondeo E15 se realizó en el centro de la estructura.

Las tareas en el terreno fueron dirigidas por la Lic. Bárbara Manasse, directora del proyecto de investigación en el que se inserta esta investigación, coordinando los trabajos específicos de excavación de los sondeos la Lic. María Cecilia Páez (E5 y E15) y el autor de esta investigación (E9, E10 y E18)[9].

En las siguientes páginas detallaré las actividades realizadas en estas excavaciones. Cada una de las ellas será tratada individualmente, comenzando desde la realizada en el sector septentrional del sitio (E18).

### VII.5 LAS EXCAVACIONES

**E 18**

- Sitio: LCZVIIIS1
- Estructura: 18
- Sector: Ss-4
- Dimensión excavación: 1,50 x 1,50 mts.
- Coordenadas geográficas: 26°49'57,1" lat. Sur
  65°41'30,7" long. Oeste

La Estructura 18 (E18) se localiza hacia el Norte del Sector 4 (ver Plano 2). Es uno de los recintos de mayor extensión del sitio y presenta un muy buen estado de conservación (ver fotografía E18.1).

Su planta es aproximadamente cuadrangular, cubriendo una superficie de unos 55,50 mts2. Sus muros se conservan bien y son de hilada doble. Para su construcción se utilizaron piedras locales (granito) de diverso tamaño y morfología, aunque también fueron aprovechadas las piedras del afloramiento. Están ensambladas entre sí en seco, sin la utilización de mortero.

E18 se comunica con E 17, hacia el Norte, a través de una abertura visible en superficie, de unos 0,90 mts. de ancho, y con las E 20 y 19, hacia el Sur y en suave pendiente, desde donde comienza el faldeo que desciende hacia Los Cuartos. Desde esta estructura se tiene muy buena visibilidad hacia ambos márgenes del sitio (Este y Oeste), lo que corresponde a la parte baja (Ss-5 y Ss-6). En superficie son visibles numerosas piedras, varias de ellas dispuestas en forma desordenada, posiblemente de derrumbes de las paredes. Aunque un rasgo particular es la presencia algunos alineamientos simples. Su visibilidad es parcial, encontrándose cubiertas por sedimento y vegetación. Pensamos que estas hileras de piedra estarían conformando espacios internos segregados, a modo de subdivisiones dentro de la estructura. Fue a los fines de comprender mejor esta posible estructuración especial, por

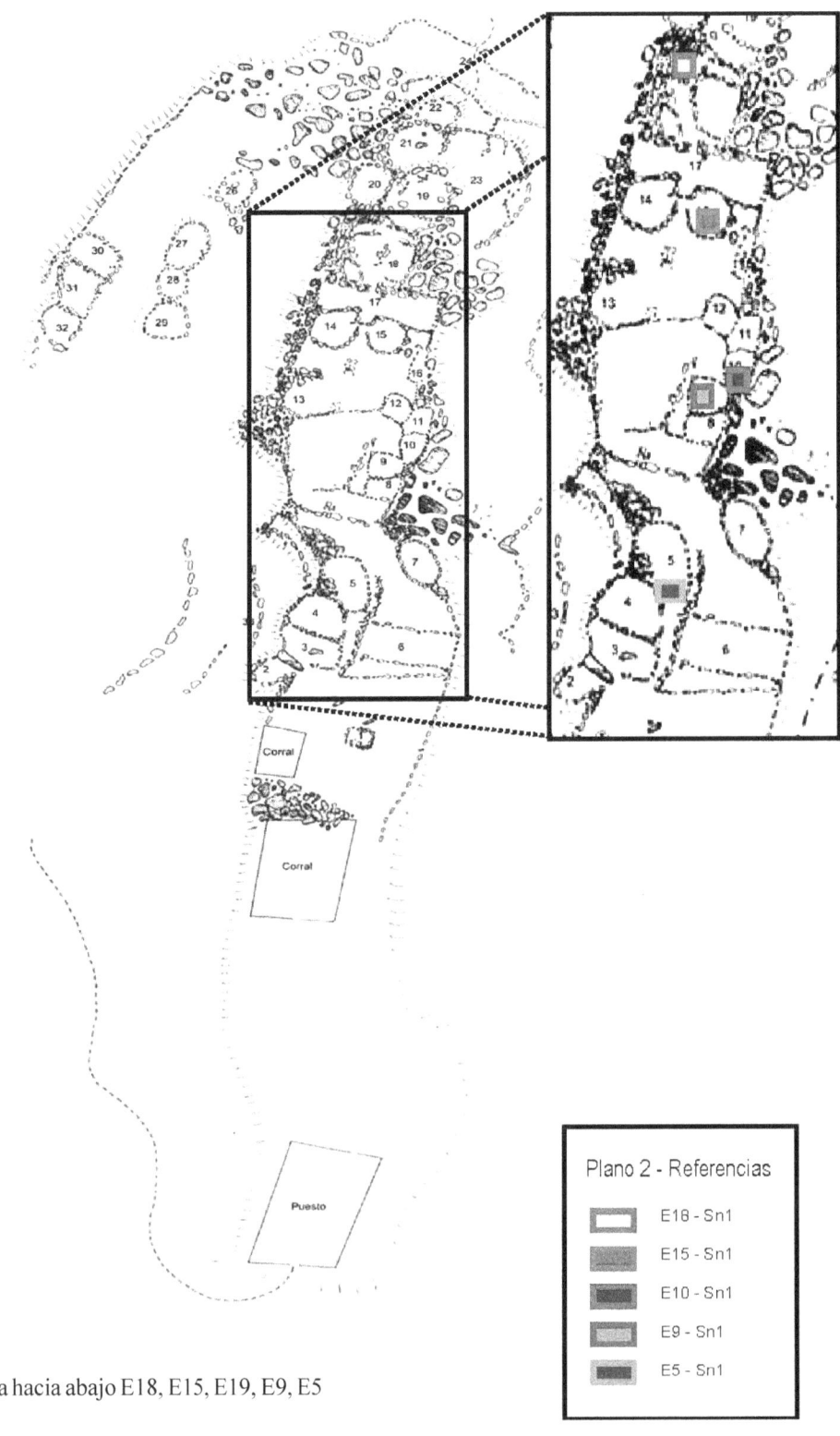

Plano 2. De arriba hacia abajo E18, E15, E19, E9, E5

Plano 2 - Referencias
- E18 - Sn1
- E15 - Sn1
- E10 - Sn1
- E9 - Sn1
- E5 - Sn1

*VI. Metodología*

Fotografía E18.1. Tomada desde el Norte, las líneas puntuadas en blanco señalan el espacio de E18. Las líneas puntuadas al interior de E18 especifican el lugar en donde fue realizado el sondeo.

Fotografía E18.2. Tomada desde el Oeste, en primer plano el área seleccionada para la realización del sondeo. Las líneas punteadas en blanco (a la izquierda) señalan la hilera de piedras que emergía en superficie.

| Unidad Estratigráfica | Tipo de material por UE | | | | | | | | |
|---|---|---|---|---|---|---|---|---|---|
| | cerámica | porcentaje | óseo | porcentaje | lítico | porcentaje | otros | porcentaje | total |
| UE0 | - | - | - | - | - | - | - | - | - |
| UE1 | 47 | 75,81 % | 14 | 22,58 % | 1 | 1,61 % | - | - | 62 |
| UE2 | 7 | 70 % | 2 | 20 % | 1 | 10 % | - | - | 10 |
| Total | 54 | 75 % | 16 | 22,22 % | 2 | 2,78 % | - | - | 72 |

Tabla E18-1

la que optamos por realizar uno de los sondeos estratigráficos en esta estructura (ver fotografía E18.2).

• DESCRIPCIÓN DE LA EXCAVACION.

Como primera medida, completamos planillas que referían a datos del medio visibles en superficie (topográficos, vegetación, etc.), como también arqueológicos. Posteriormente se procedió a limpiar el espacio a excavar, para ello se extrajo la vegetación y los primeros centímetros de suelo (0,05 mts.) a pala rasante. Este sedimento fue zarandeado (0.003 mts. de abertura). Estos primeros centímetros fueron identificados como Unidad Estratigráfica 0 (UE0)[10].

El suelo presentaba una cobertura vegetal compuesta principalmente de gramíneas, sin vegetación arbustiva. La superficie se encontraba parcialmente removida por pisoteo de ganado vacuno, caprino y equino, encontrándose material suelto (excremento animal y pastos). Por otra parte, la recolección superficial de materiales arqueológicos no produjo resultados positivos.

La excavación alcanzó una profundidad aproximada de 0,60 mts., hasta arribar a un estrato infértil. Hemos registrado dos unidades estratigráficas claramente diferenciadas, con límites precisos, que denominamos UE1 y UE2. Ambos estratos presentaron espesores variables, de acuerdo a su localización dentro del sondeo.

El Estrato 1 (UE1) presentó un espesor muy variable, oscilando entre los 0,07 y 0,36 mts. Es de color marrón oscuro, de escasa compactación. Se caracterizó por un alto contenido de material orgánico. Hacia el Sur del sondeo afloraron algunas piedras de tamaño mediano, en cercanía al alineamiento, correspondiendo, posiblemente, al derrumbe de las mismas. Estas fueron localizadas próximas a la base de UE 1.

El Estrato 2 (UE2), de menor espesor (entre 0,10 a 0,31 mts.) presentó, (a) un sedimento más suelto y seco, (b) cambio en su tonalidad, marrón más claro, (c) un alto porcentaje de gravilla y rocas disgregadas, (d) menor contenido orgánico.

• ANÁLISIS

El conjunto material recuperado en esta excavación estuvo compuesto por 72 elementos, de los cuales el 74,64% (n=54) corresponde a fragmentos cerámicos, también fueron recuperados restos óseos (n=16 - 22,53%) y líticos (n=2 - 2,81%).

En la Tabla 1 se puede observar la correlación entre tipo y densidad de materiales por unidad estratigráfica. Debo aclarar que 6 de los elementos de la UE2 provienen de la remoción de sedimentos por tucu-tucu (ver más adelante), que provinieron de un sector aledaño a la cuadricula.

En laboratorio se confeccionó una planta general de la cuadricula en Autocad, consignando valores referidos a la localización de cada uno de los hallazgos y su profundidad, con la intención de poder determinar probables patrones de distribución.

Los resultados obtenidos señalaron una mayor concentración de materiales en los cuadrantes NE, NO y SE, estando el cuadrante SO casi desprovisto de materiales (Gráfico 1).

En el Gráfico 2 se representan estos mismos datos, pero desde una perspectiva de relación entre densidad de hallazgos (barra superior) y la profundidad en la que fueran registrados los hallazgos (establecida cada 0,05 mts - barra lateral). El perfil fue el registrado hacia el Norte de la cuadricula.

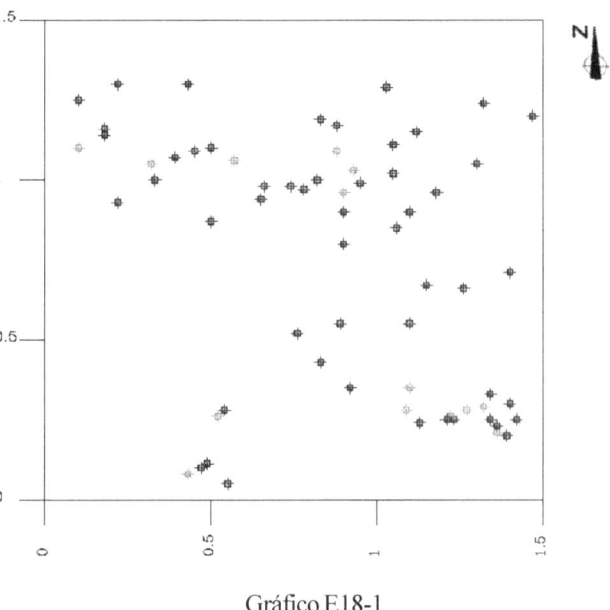

Gráfico E18-1

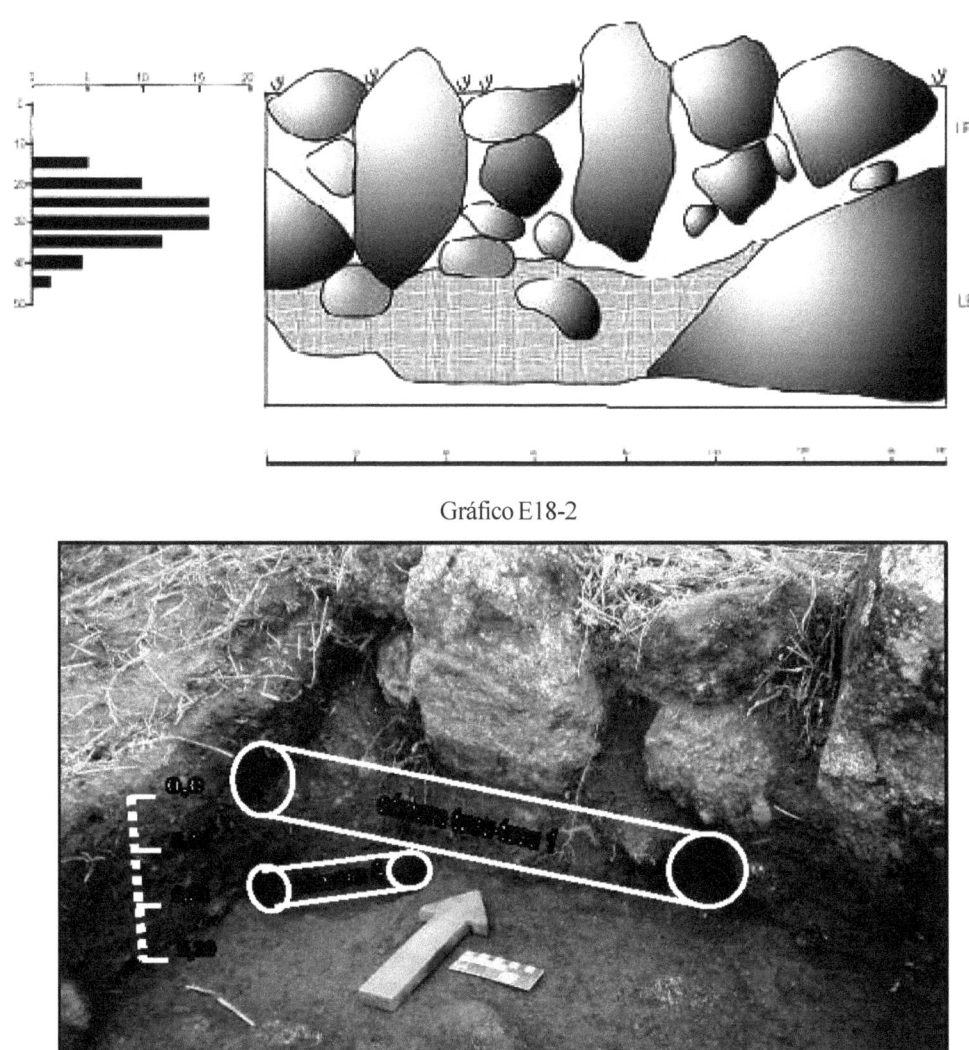

Gráfico E18-2

Fotografía E18.3 - Vista desde el Sur de perfiles Norte y Oeste de la excavación en E18Sn1 (16 de mayo de 2007)

• LOS «TUCU-TUCU». UN CASO APARTE, TODO UN TEMA

Una característica constante en esta excavación ha sido el registro de túneles de tucu-tucu (Ctenomys sp.). Identificamos cuatro cámaras, tres de ellas correspondieron a cámaras «actuales» y una ya abandonada. Cada una de ellas fue registrada en planillas, tomamos sus medidas (longitud, dirección, ancho-altura de las bocas de las cámaras), registramos también los materiales asociados. De igual manera, estas fueron individualizadas en base a una ordenación numérica (TT1 a TT4) (ver Gráfico 3).

Un rasgo, por demás notable, fue la profundidad que alcanzaron algunas de estas cámaras. Específicamente, TT4, una de las de menor extensión, comenzaba desde los 0,21 mts. (contra el perfil Oeste), conectándose con el perfil Norte a una profundidad de 0,51 mts. (ver fotografía E18.3 y E18.4).

Los materiales arqueológicos asociados a estas cámaras fueron 6, todos fragmentos cerámicos. De ellos, uno se encontró directamente dentro de una cámara (TT4), uno al costado de TT3, y los otros 4 directamente en los «montículos» que estos roedores producen (TT1), siendo uno de estos hallazgos de gran tamaño, 8 cm. y de 32 gr. de peso (ver fotografía E18.6).

Registramos que el volumen de sedimento que pueden llegar a remover los tucu-tucu en muy poco tiempo es bastante apreciable. Por mencionar un ejemplo, al retornar al trabajo en el sondeo luego de una noche, en una de las cámaras descubiertas (boca Norte de TT1), un tucu-tucu removió tal cantidad de sedimento que se pudo llenar casi dos baldes, al mismo tiempo que esta «tarea» unió las cámaras de TT1 con TT4 (ver fotografía E18.5). Esto fue registrado hacia el NO de la cuadrícula, afectando principalmente a la UE2.

• CERÁMICA

El total de fragmentos cerámicos recuperados en esta excavación fueron 54. Sobre esta muestra, los porcentajes

*J. Patané Araóz*

Fotografía E18.4 - Vista desde el Sur de perfiles Norte y Oeste de E18Sn1 (15 de mayo de 2007). Las líneas punteadas arriba señalan la cámara de TT1, su longitud es de aprox. 0,60 mts. Las líneas punteadas abajo señalan la cámara de TT3, que comenzaba a aparecer en excavación. Posteriormente se extendió en dirección Norte, alcanzando una longitud de 0,50 mts.

obtenidos entre toscos y decorados resultó equiparable (46,29% en ambos casos)[13].

La conservación de estos fragmentos, en términos generales, es buena. En el caso de los fragmentos decorados se conserva la pintura original, aunque en casi todos los casos se registró evidencia de rodamiento (ver Anexo Planillas).

En la Tabla E18-2, en la que represento comparativamente los fragmentos cerámicos según su tamaño por UE, se puede observar que los de tamaño mediano superan ampliamente en cantidad en cada UE, a los grandes y pequeños.

En la Tabla E18-3 exponemos la posición en la que fueron hallados los materiales.

Las tareas de remontaje de piezas solo han permitido ensamblar 10 fragmentos del total, corresponden a 5 piezas diferentes, dos toscas, una FNR, una de SM N/R y una indeterminada (Tabla E18.4).

De igual modo, del total de la muestra cerámica se reconocieron pocos fragmentos diagnósticos que nos remitan a formas. Se registraron 6 bordes, 3 corresponden a

Fotografía E18.5 - Vista desde el Este de perfiles Norte y Oeste de E18Sn1. Las flechas señalan la acumulación de sedimento removido por los tucu-tucu en el término de una noche (17 de mayo, contra el perfil Norte). Los círculos en blanco señalan las bocas de TT 1 (arriba) y TT 4 (abajo) (perfil Oeste).

*VI. Metodología*

Fotografía E18.6 -Nueva remoción de sedimento por tucu-tucu en el transcurso de una noche (19 de mayo, contra perfil Norte). Los círculos blancos señalan las cámaras 1 (arriba) y 4 (abajo) contra el perfil Oeste. En el sedimento removido fueron hallados 6 fragmentos cerámicos. Uno de estos fragmentos cerámicosal costado izquierdo de la escala es de gran tamaño y pesado (8 cm de longitud y 32 gramos de peso) Las líneas punteadas (arriba) delimitan el resultado de esta remoción que, en este caso, unió las cámaras 1 y 4 (contra perfil Norte).

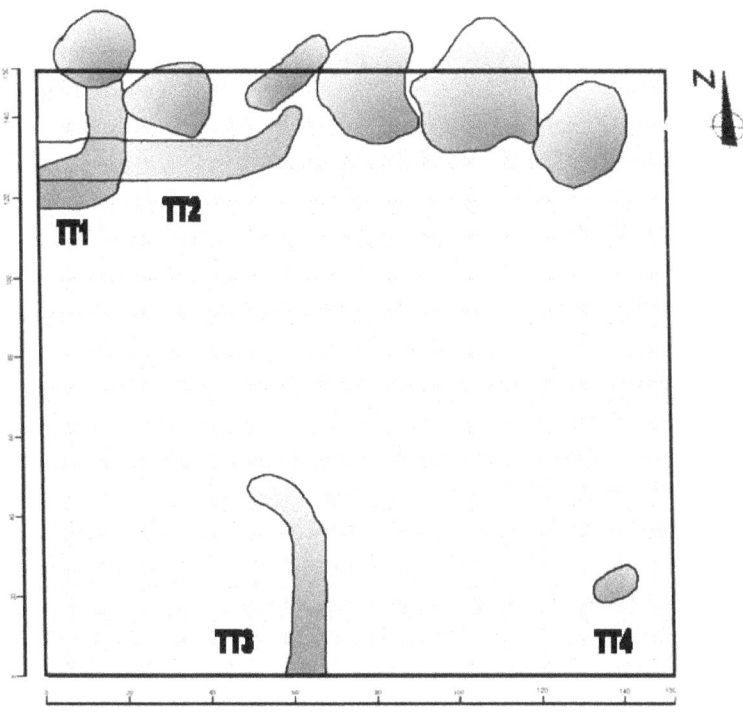

Gráfico E18-3. Representación en planta de las cámaras de tucu-tucu (TT1 a TT4) registradas en excavación. En la parte superior de este gráfico se señalan las piedras que conforman la hilera de piedras.

| Unidad Estratigráfica | Tamaños de los fragmentos por UE | | | | | | |
|---|---|---|---|---|---|---|---|
| | pequeño | porcentaje | mediano | porcentaje | grande | porcentaje | |
| UE0 | - | - | - | - | - | - | - |
| UE1 | 5 | 10,64 % | 31 | 65,96 % | 11 | 23,40 % | 47 |
| UE2 | 1 | 14,28 % | 5 | 71,43 % | 1 | 14,28 % | 7 |
| Totales | 6 | 11,11 % | 36 | 66,67 % | 12 | 22,22 % | 54 |

Tabla E18-2

| Unidad Estratigráfica | Posición por UE | | | | | | |
|---|---|---|---|---|---|---|---|
| | inclinado | porcentaje | horizontal | porcentaje | vertical | porcentaje | |
| UE0 | - | - | - | - | - | - | - |
| UE1 | 16 | 34,04% | 28 | 59,57% | 3 | 6,38% | 47 |
| UE2* | - | - | 2 | 100% | - | - | 2 |
| Totales | 16 | 32,65% | 30 | 61,22% | 3 | 6,12% | 49 |

\* No se consigna en esta UE los 6 fragmentos cerámicos removidos por TT

Tabla E18-3

| Fragmentos que remontan por Unidad Estratigráfica | | | | | |
|---|---|---|---|---|---|
| UE0 | | UE1 | | UE2 | |
| En estratigrafía | zaranda | En estratigrafía | zaranda | En estratigrafía | zaranda |
| - | - | SM N/R (2) | Tosco (2) | FNR (1) | - |
| | | Tosco (2) | Indet. (1) | | |
| | | FNR (1) | | | |
| | | Indet. (1) | | | |

Tabla E18-4

| Unidad Estratigráfica | Fragmentos diagnósticos por UE | |
|---|---|---|
| | bordes | bases |
| UE0 | - | - |
| UE1 | 5 | 1 |
| UE2 | 1 | - |
| Totales | 6 | 1 |

Tabla E18-5

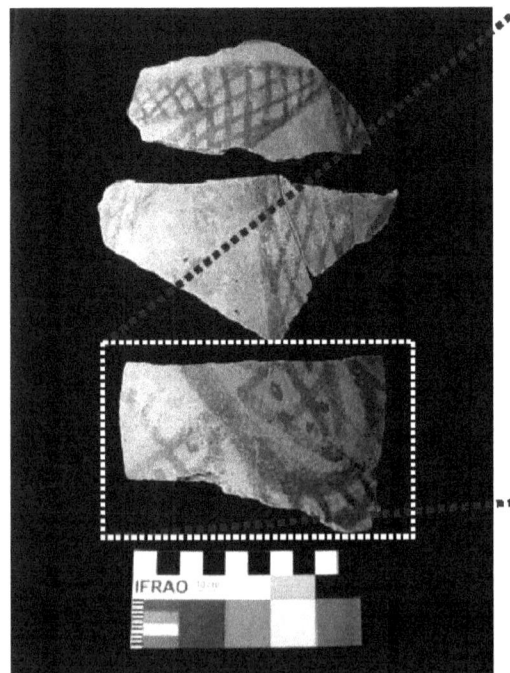

Fotografía E18.7. Tres de los fragmentos de la urna SM N/R. En ampliación, el fragmento con los diseño «serpentiformes» referido en el texto

## VI. Metodología

| Tipo cerámico | Forma | Función |
|---|---|---|
| Tosca | Olla globular | Cocción de alimentos |
| SM N/R | Vasija (urna?) | Entierro (?) almacenamiento (?) |
| Inka | Plato pato (2) | Servido y consumo |

Tabla E18-6

| Unidad Estratigráfica | Tipos Cerámicos por UE | | | | | | | | |
|---|---|---|---|---|---|---|---|---|---|
| | Tosco | SM N/R | Belén | FNG | FNR | SM B | Inka | indet. | |
| UE0 | - | - | - | - | - | - | - | - | - |
| UE1 | 22 | 6 | 5 | 3 | 2 | 3 | 2 | 4 | 47 |
| UE2 | 3 | - | - | 1 | 2 | 1 | - | - | 7 |
| Totales | 25 (46,29%) | 6 (11,11%) | 5 (9,26%) | 4 (7,41%) | 4 (7,41%) | 4 (7,41%) | 2 (3,70%) | 4 (7,41%) | 54 |

Tabla E18-7

Fotografía E18.8

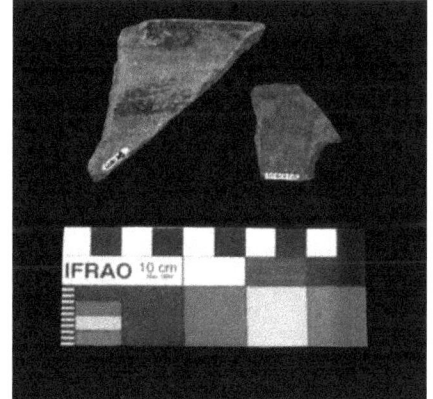

Fotografía E18.9

fragmentos Belén, uno correspondiente a un plato pato inkaico, un pequeño fragmento FNR y un tosco (Tabla E18-5). Solo una base compone el total de la muestra, es de filiación inkaica y parece corresponder a un plato pato (ver más adelante).

Finalmente, sobre la base de todos estos resultados hemos realizado el recuento del número mínimo de piezas (NMP) presentes en la muestra. Los resultados obtenidos son expuestos en la siguiente Tabla E18.6[14].

• TIPOS CERÁMICOS

Los fragmentos decorados pertenecen en su totalidad a tipos cerámicos asignados a momentos muy tardíos de ocupación del valle, sin haberse registrado materiales del formativo o coloniales.

En la siguiente tabla se hace referencia sobre la relación resultante entre los tipos cerámicos según la UE en la que fueran hallados (Tabla E18-7).

Una primera lectura de estos resultados resalta la alta variabilidad de tipos estilísticos presentes. Algo que, como veremos más adelante, se presentó con regularidad en los demás sondeos.

Los fragmentos Santamarianos N/R (de tamaño considerable) pertenecen a una misma pieza, aunque solo dos fragmentos remontan. La superficie externa se encuentra levemente erosionada, sin embargo se conservan bien los diseños, reticulados y cabezas de «serpientes», subdivididas estas últimas en cuatro sectores con puntos a modo de «ojos» (ver fotografía E18.7). Estos fragmentos presentan inclusiones blancas en la pasta.

Por otra parte, los fragmentos SM Bicolor (SMB) son de tamaño mediano, con diseños geométricos en negro sobre un baño de crema, en todos los casos el baño crema se presenta apenas visible. Su pasta no presenta inclusiones blancas.

Los fragmentos del Famabalasto Negro s/Rojo (FNR) son de muy buena factura, conservan un engobe rojo en ambas superficies, pero los diseños son apenas visibles. Su pasta no presenta inclusiones blancas.

Los correspondientes al Famabalasto Negro Grabado (FNG) son de tamaño pequeño y en la mayoría de los casos muy erosionados, solo en un caso se registró una línea realizada por grabado.

Fotografía E18.10

Dos de los fragmentos de tipo inkaico pertenecen a la forma de plato pato, aunque corresponden a diferentes piezas. Uno de ellos, de tamaño mediano (parte del borde y cuerpo) conserva parte de pintura negra sobre la parte superior del borde. El otro fragmento, de mayor tamaño, corresponde a una base, presenta también cierto grado de alteración postdepositacional. En su superficie interna se pueden apreciar diseños geométricos, pintados en blanco sobre un fondo rojizo rojo desvaído (ver fotografía E18.8).

Finalmente, los fragmentos atribuidos a Belén no presentaron un buen estado de conservación y, en la mayoría de los casos, son de tamaño pequeño (fotografía E18.9). Conservan un fondo rojo con dibujos en negro (superficie interna y externa) representando reticulados y en algunos casos triángulos continuos a la altura del borde. Uno de estos fragmentos presenta inclusiones blancas en la pasta.

Los fragmentos toscos (n=25) no presentan mayormente partes diagnósticas y se encuentran afectados por procesos postdepositacionales. La mayoría corresponde a fragmentos de tamaño mediano (80%), mientras los grandes están representados en un 16%, y los pequeños en un 4%. El 80% de estos fragmentos presenta evidencias de haber estado expuesto a fuego directo.

• LÍTICO

En excavación solo fueron recuperados dos elementos líticos. Un desecho de talla pequeño (cuarzo blanco) hallado en la UE1 y una punta de proyectil, recuperada en la UE2, a gran profundidad (0,49 mts.). Esta última es apedunculada, de base escotada, limbo triangular y dentada, fue tallada en una lasca de obsidiana por presión (ver fotografía E18.10)[15]. Manasse (com. pers. 2007) ha obtenido igual tipo de material

Fotografía E18.11. Tomada desde el Sur. Las líneas punteadas hacia la izquierda delimitan la unión de los túneles TT1 y TT4 (ver más arriba).

en sus excavaciones efectuadas en las estructuras tardías localizadas en la zona media del paleocono.

• ARQUITECTURA

El sondeo fue localizado de tal modo de poder tener una mejor visibilidad de ciertos aspectos arquitectónicos de esta estructura, en particular de una de las hiladas internas señaladas anteriormente. Esta hilera de piedras se localiza en el cuadrante Sudeste de E18, su eje longitudinal corre en dirección Este-Oeste, perpendicular al eje mayor de la estructura (Norte-Sur), sin conformar una estructura cerrada. Tiene una longitud aproximada de 2 mts., aflorando de la superficie actual del terreno, en promedio, unos 0,12 a 0,17 mts.

Nuestra excavación hizo visible una gran proporción de esta hilera, resaltando que su estado de conservación es bueno. Su base se localizó a una profundidad de 0,38 mts. por lo que la altura total, con el agregado de los 0,12 - 0,17 mts. visibles en superficie, alcanzó un promedio de 0,50 mts.

El paramento se caracterizó por piedras de gran tamaño, dispuestas verticalmente (n=2), de forma rectangular y de similar longitud (~0,50 mts), pero con diferente ancho (0,17 y 0,25 mts.). Estas se encontraron separadas entre sí por piedras redondeadas, de menor porte, colocadas una por encima de otras de forma de alcanzar la altura de las más grandes (ver Gráfico E18.2 y fotografía E18.11).

No se detectaron posibles aberturas, como tampoco la utilización de revoque, o el acondicionamiento del suelo que se correlacione con la construcción de la pared.

La base en donde las piedras que conforman esta hilera se asientan corresponde al comienzo de la UE1 (0,40 mts. aproximadamente). Siendo este un dato importante para nuestros análisis ya que, como vimos anteriormente, es a partir de esa profundidad en donde registraremos la mayor concentración de hallazgos (0,20 - 0,40 mts.). Por lo que confiablemente podemos suponer que esta correlación refiere a los momentos de construcción y uso de este espacio.

• SINTESIS

En primer lugar, basados en una relación entre densidad de hallazgos y arquitectura, podemos sostener una correlación cronológica entre la construcción de la hilada de piedra y el primer momento de uso de este espacio, correspondiente a los 0,40 mts. de profundidad.

Un dato que considero importante destacar es que través de esta secuencia de hallazgos no se registraron cambios sustanciales en la distribución-densidad de hallazgos, como tampoco en el tipo de materiales arqueológicos recuperados. Por lo que podemos suponer un uso continuo (y específico) de este espacio, desde el momento de su construcción hasta su abandono.

Por otra parte, la hilera de piedra claramente está marcando una subdivisión dentro de la estructura, tal vez conformando un pequeño pasillo interno o un lugar de descarte de materiales. Analicemos esto, la excavación ocupó gran parte de este espacio que creemos segregado intencionalmente, no registramos allí evidencia de fogones o elementos relacionados a molienda, por lo que podemos razonablemente descartar que éste sea un espacio relacionado a ese tipo de actividades. Por otra parte, el tipo de materiales recuperados es sugestivo. De hecho, si bien abundantes, los restos alfareros solo dan cuenta de la presencia de un escaso número de piezas.

En resumen, la relación entre tipo de materiales y densidad de hallazgos por niveles nos refiere a un lugar de «uso» continuo, pero que no fuera acondicionado permanentemente, en sentido de ser mantenido «limpio». Es posible que este pequeño espacio, como un área segregada intencionalmente dentro del interior de la estructura, haya sido mantenido por sus antiguos ocupantes como un área de descarte de materiales del área de ocupación adyacente.

**E 15**

- Sitio: LCZVIIIS1
- Estructura: 15
- Sector: Ss-3
- Dimensión excavación: 1,20 x 1,20 mts.
- Coordenadas geográficas: 26°49'57,4'' lat. Sur
  65°41'33,5'' long. Oeste

La Estructura 15 (E15) se encuentra próxima de E18, a unos 3 metros, en dirección Noroeste (ver Plano del Sitio). Su planta es circular, de unos 5 mts. de diámetro. Las paredes son de hilada doble con relleno interior, sin aparente utilización de mortero. Para su construcción se han empleado piedras (granito) de diferentes tamaños, aprovechando también las rocas del afloramiento.

E15 se encuentra separada de E14 (al Este) por un espacio angosto, de un metro aproximadamente, que corre en dirección Norte-Sur. Este espacio de separación (¿pasillo?) continua hacia una abertura de aproximadamente 0,70 mts. localizada en la pared Norte de E17 (hacia el Sur, ver fotografía E15.1).

Tanto E14 como E15 se encuentran adosadas a la pared Norte de E17, sin aberturas de comunicación entre ellas (ver Plano 1). La visibilidad de E15 es buena en términos generales, aunque la acumulación de sedimentos no permite, en algunos sectores, apreciar detalles de sus paredes. Desde E15 se tiene buena visión de la parte baja Occidental del sitio (Ss-5), comunicándose con este sector a través de una suave pendiente.

• DESCRIPCIÓN DE LA EXCAVACION

Nuestro plan original consideró, en un principio, la realización de una serie de sondeos en diferentes estructuras del sitio y la excavación íntegra de una estructura (E14).

Fotografía E15.1

Fotografía E15.2. Las líneas punteadas, hacia el centro de la fotografía, señalan el lugar seleccionado para la realización del sondeo.

Fotografía E15.3. Vista del perfil Este de E15Sn1, finalizada la excavación.

## VI. Metodología

A nuestro arribo al sitio, realizamos una primera recorrida de chequeo previa a la excavación, pudimos advertir que la superficie actual de E14 en gran parte de su sector Sur, se encontraba alterada. Por el tipo de remoción observada consideramos que se trataba de un huaqueo producido en tiempos recientes.

En definitiva, optamos por excavar en E15, dada la cercanía espacial a E14, y por sus similares características estructurales[16] (ver Plano del Sitio y Fotografía E15.2).

El suelo actual en E15 presentó escasa vegetación, compuesta principalmente por gramíneas, sin arbustivas. También hemos registrado pisoteo reciente de animales. La recolección superficial de materiales arqueológicos no produjo resultados positivos.

La excavación alcanzó una profundidad de 0,45 mts. hasta arribar al basamento. Se reconocieron 5 unidades estratigráficas, UE0 a UE4, desde la más superficial hasta la más profunda (ver fotografía E18.3). La UE 0 corresponde a los 0,05 mts. del suelo actual, que fueron sacados a pala rasante.

La UE1 es un estrato plano horizontal, con un espesor fluctuante entre 0,02 a 0,11 mts. Es de color marrón oscuro, y de compactación suelta. Está compuesto por materia orgánica, principalmente pequeñas raíces.

La UE2, sobre la que se apoya UE1, se distinguió por un cambio en la coloración del sedimento, marrón claro. El sedimento es de menor compactación y contenido orgánico, compuesto predominantemente por limo y gravilla. Su espesor también resulto variable, hacia el centro del estrato alcanzó un valor de 0,05 mts., tornándose más ancho hacia sus extremos (0,14 mts.). Hacia el Sur de la cuadrícula se detectó un pequeño sector con una escasa concentración de carbones[17].

La UE3, de color marrón grisáceo oscuro, presentó también compactación suelta. Compuesta principalmente por arcilla, registró proporciones menores de arena fina y gravilla. Su espesor fue variable, según el sector de la cuadrícula, con valores que rondaron alrededor de 0,05 mts. (hacia el NO) hasta 0,21 mts. (hacia el Sur). Este estrato cubre parcialmente a UE4 en el sector Oeste, llegando hasta la roca madre en un pequeño sector del cuadrante SO.

La UE4 fue definida por una mayor concentración de pequeñas piedras disgregadas que corresponden a la descomposición de la roca madre. Presentó una alta concentración de arcilla arenosa, y en menor proporción de arena fina y gravilla. Se registraron también en este estrato algunas raíces. Es un estrato con ancho de valores casi constantes, variando entre 0,04 a 0,06 mts.

• ANÁLISIS

Se recuperaron en este sondeo 86 elementos, de los cuales la mayoría correspondió a fragmentos cerámicos (n=81; 94,18%), en menor proporción restos óseos (n=2; 2,32%) y líticos (n=3; 3,49%). Analizando la correlación entre densidad y tipo de hallazgos/unidad estratigráfica, obtuvimos los siguientes valores (Tabla E15-1).

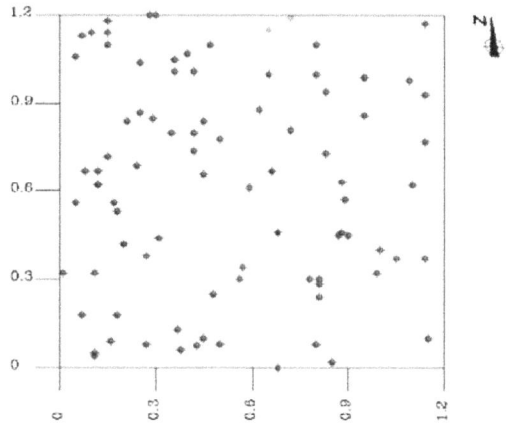

Gráfico E15-1

| Unidad Estratigráfica | Tipo de material por UE | | | | | | | | |
|---|---|---|---|---|---|---|---|---|---|
| | cerámica | porcentajes | óseo | porcentajes | lítico | porcentajes | otros | porcentajes | total |
| UE0 | - | - | - | - | - | - | - | - | - |
| UE1 | - | - | - | - | - | - | - | - | - |
| UE2 | 23 | 100 % | - | - | - | - | - | - | 23 |
| UE3 | 36 | 90 % | 2 | 5 % | 2 | 5 % | - | - | 40 |
| UE4 | 22 | 95,65 % | - | - | 1 | 4,35 % | - | - | 23 |
| Totales | 81 | 94,19 % | 2 | 2,32 % | 3 | 3,49 % | - | - | 86 |

Tabla E15-1

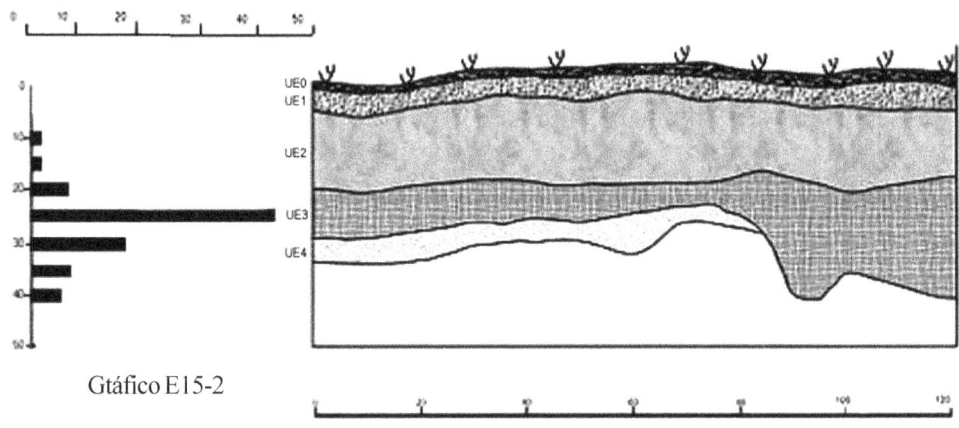

Gráfico E15-2

Tabla E15-2

| Unidad Estratigráfica | Tipo Cerámico por UE | | | | | |
|---|---|---|---|---|---|---|
| | Tosco | SMT | FNR | FNG | indet. | |
| UE0 | - | - | - | - | - | - |
| UE1 | - | - | - | - | - | - |
| UE2 | 16 | 3 | 1 | 1 | 2 | 23 |
| UE3 | 22 | 2 | 1 | - | 11 | 36 |
| UE4 | 17 | 1 | 1 | - | 3 | 22 |
| Totales | 55 (67,90 %) | 6 (7,41 %) | 3 (3,70 %) | 1 (1,23 %) | 16 (19,75 %) | 81 |

Tabla E15-3

| Unidad Estratigráfica | Tamaño de los fragmentos por UE | | | | | | |
|---|---|---|---|---|---|---|---|
| | pequeño | porcentaje | mediano | porcentaje | grande | porcentaje | |
| UE0 | - | - | - | - | - | - | - |
| UE1 | - | - | - | - | - | - | - |
| UE2 | 10 | 43,48% | 13 | 56,52% | - | - | 23 |
| UE3 | 21 | 58,33% | 11 | 30,55% | 4 | 11,11% | 36 |
| UE4 | 7 | 31,82% | 9 | 40,91% | 6 | 27,27% | 22 |
| Totales | 38 | 46,91% | 33 | 40,74% | 10 | 12,35% | 81 |

Tabla E15-4

| Unidad Estratigráfica | Posición por UE | | | | | | |
|---|---|---|---|---|---|---|---|
| | inclinado | porcentajes | horizontal | porcentajes | vertical | porcentajes | |
| UE0 | - | - | - | - | - | - | - |
| UE1 | - | - | - | - | - | - | - |
| UE2 | 13 | 56,52% | 9 | 39,13% | 1 | 4,35% | 23 |
| UE3 | 17 | 47,22% | 16 | 44,44% | 3 | 8,33% | 36 |
| UE4 | 12 | 54,54% | 8 | 36,36% | 2 | 9,09% | 22 |
| Totales | 42 | 51,85% | 33 | 40,74% | 6 | 7,41% | 81 |

## VI. Metodología

| Unidad Estratigráfica | Frag. que remontan |
|---|---|
| UE0 | - |
| UE1 | - |
| UE2 | 3 |
| UE3 | 4 |
| UE4 | 2 |
| Frag. de zaranda | 1 |
| Total | 10 |

Tabla E15-5

| Unidad Estratigráfica | Tipo de fragmento diagnóstico por UE | | |
|---|---|---|---|
| | bordes | bases | asas |
| UE0 | - | - | - |
| UE1 | - | - | - |
| UE2 | 1 | - | - |
| UE3 | 2 | - | - |
| UE4 | - | 1 | 1 |
| Totales | 3 | 1 | 1 |

Tabla E15-6

La planta general de esta cuadricula realizada en Autocad, en donde consigné valores referidos a la localización de cada uno de los hallazgos y su profundidad, arrojó los siguientes resultados (GráficoE15-1), los fragmentos cerámicos fueron registrados en toda la cuadricula, entre las UE 2,3 y 4, aunque sin reconocerse concentraciones localizadas. Los elementos líticos, se ubicaron hacia el Centro y al Oeste, en las UE3 y UE4 entre los 0,25 a 0,35 mts. de profundidad. Los restos óseos se registraron hacia el Norte, a similar profundidad que los líticos, pero específicamente en la UE3 (ver Tabla E15-1).

En el Gráfico E15-2 se representan estos mismos datos, pero desde una perspectiva de relación entre densidad de hallazgos (barra superior) y la profundidad en la que fueran registrados los hallazgos (establecida cada 0,05 mts - barra lateral)[18].

• CERÁMICA

Una de las principales características obtenidas del análisis de esta muestra ha sido el marcado contraste en las proporciones de los conjuntos toscos y decorados (67,90% y 12,34% respectivamente, ver Tabla E15-2).

Los fragmentos cerámicos presentaron similares porcentajes entre los pequeños y medianos (46,91% y 40,74% respectivamente). Aunque es notorio que los más grandes, si bien relativamente escasos, se registraron únicamente en las UE más profundas del sondeo (Tabla E15-3).

En cuanto a la posición en las que fueron recuperados los materiales en relación a su profundidad, hemos registrado lo siguiente (Tabla E15-4),

Como se desprende de esta tabla, los materiales recuperados tanto en posición horizontal como inclinados presentan valores porcentuales prácticamente similares en todas las UE. En ningún caso los hallazgos en posición vertical han sido significativos.

Por otra parte, de esta muestra se pudo remontar una muy baja proporción de fragmentos, 10 del total (Tabla E15-5). La mayoría corresponden a piezas toscas, salvo una FNR. En todos los casos se remontaron tiestos pequeños, que no permitieron distinguir formas o determinar si corresponden a una misma pieza.

Se reconocieron 3 bordes (2 pertenecen a una misma pieza (tosca), aunque no remontan), una base (tosca) de tamaño grande y un asa, pequeña y erosionada (Tabla E15-6).

Sobre la base de estos últimos resultados es que pudimos identificar tres ollas toscas y, posiblemente, una urna Santamariana.

Los materiales que presentan superficies decoradas corresponden a los tipos asignados para momentos tardíos de ocupación del valle (FNR, n=3 y FNG, n=1), más considero importante mencionar la presencia de material SM Tricolor (n=6).

Los fragmentos SM Tricolor pertenecen a una misma pieza, aunque no remontan. Presentaron un regular estado de conservación. En tres de ellos se aprecian, en su superficie externa, parte de su pintura original con diseños geométricos.

De los tres fragmentos FNR, uno es de tamaño pequeño y remonta con otro fragmento pequeño recuperado en zaranda, conserva parte de su pintura original en su superficie externa. Otro es de tamaño mediano, presenta un alto grado de alteración postdepositacional. El restante fragmento, de tamaño grande, presenta un buen estado de conservación. El único fragmento FNG es de tamaño mediano y se encuentra muy erosionado[19].

Finalmente, el total de fragmentos toscos asciende a 54. Las técnicas de tratamiento superficial registrados señalan preferentemente un acabado por alisado o peinado. La mayoría son de tamaño pequeño (46,30%), siguiéndole en cantidad los medianos (40,74%) y los grandes (12,96%). Solo un 22,22% se estos fragmentos toscos presentan evidencias de haber estado expuestos a fuego directo.

• SINTESIS

Si bien no se pudo determinar pisos de ocupación definidos (con algún tipo de rasgo que pueda dar cuenta del mismo), tentativamente hemos hallado cierta depositación diferencial de los materiales que sugieren que entre los 0,20 y 0,40 mts. de profundidad (UE3 y UE4) se concentra la mayor densidad de hallazgos (93,83%)(ver Gráfico 2). Por la posición del sondeo en el centro de la estructura, nos falta información para correlacionar este posible piso con los rasgos arquitectónicos de la misma.

Los materiales hallados, con un importante número de fragmentos toscos, sugieren que, al menos en este sector de la estructura, se realizaron preferentemente actividades relacionadas a quehaceres domésticos (tareas culinarias o de depósito de alimentos o líquidos).

Los materiales decorados son muy escasos y en escasa variedad, siempre correspondiendo al tardío local. Precisamente, su baja frecuencia y su distribución restringida nos sugieren un uso restringido en esta estructura de materiales con una funcionalidad diferente a las culinarias.

Pero fundamentalmente, y retomando brevemente lo expresado arriba, la relación existente entre los tipos cerámicos decorados (tomados como indicadores cronológicos-culturales) y la profundidad a la que fueron hallados, no nos permite pensar en ocupaciones diacrónicas, más bien sugerir una sola ocupación, bastante tardía.

## E 10

- Sitio: LCZVIIIS1
- Estructura: 10
- Sector: Ss-2
- Dimensión excavación: 1,20 x 1,20 mts.
- Coordenadas geográficas: 26°49'56,9" lat. Sur
  65°41'33,1" long. Oeste

E10 es una estructura de planta semicircular, de unos 4,60 mts. de diámetro. Presenta un buen estado de conservación. Sus paredes están conformadas por hileras dobles de piedra de diversa morfología, sin relleno interior. El eje mayor de esta estructura corre en dirección Norte-Sur.

E10 se encuentra adosada a E11, hacia el Sur, separada por una hilera simple de piedras. Ascendiendo aproximadamente un metro por la pendiente, hacia el Este, se encuentran E9 y E8 (ver más adelante fotografía E9.1, para referencia). Hacia el Norte, a unos dos metros de E10 y en el mismo nivel topográfico que E8 y E9, se encuentra E12 (ya referida en el apartado de E15).

• DESCRIPCIÓN DE LA EXCAVACION

Las tareas de excavación se desarrollaron en el área NE de E10. Luego de la limpieza de superficie, se abrió la cuadrícula junto a la pared Este. El suelo actual presentó escasa vegetación, compuesta principalmente por gramíneas, sin arbustivas. No registramos material arqueológico en superficie.

Se reconocieron 4 unidades estratigráficas, UE0 a UE3. La UE 0 corresponde a los primeros 0,05 mts., que fueron extraídos a pala rasante (ver fotografía E10.1).

La UE1 presentó un espesor variable entre 0,04 y 0,25 mts. Es de color marrón oscuro y de compactación suelta, compuesto por materia orgánica, con pequeñas raíces. Se distribuye de forma heterogénea por la cuadricula. Corta a UE2 hacia el Sur de la cuadricula y se apoya en UE3 en una gran proporción de la cuadricula (ver fotografía E10. 1 y gráfico E10-2).

La UE2 apareció a partir de los 0,12 mts. de profundidad, distinguiéndose por una coloración de tonalidad marrón amarillenta. Presentó escasas raíces y gravilla. Esta UE aparece solo en una pequeña porción del sector NO, con un espesor entre 0,13 a 0,16 mts.

La UE3, de color marrón oscuro, es plano horizontal, extendiéndose por toda la cuadricula. Comenzó a aparecer a los 0,23 mts. de profundidad con valores muy fluctuantes en su espesor, entre 0,07 a 0,36 mts. Presentó un sedimento más compacto con un mayor porcentaje de gravilla y

*VI. Metodología*

Fotografía E10.1. Vista del perfil Oeste de la cuadrícula. Las líneas punteadas delimitan las UE reconocidas en excavación (ver Gráfico E10-2, más abajo)

| Unidad Estratigráfica | Tipo de material por UE |||||||| |
|---|---|---|---|---|---|---|---|---|---|
| | cerámica | porcentaje | óseo | porcentaje | lítico | porcentaje | otros | porcentaje | total |
| UE0 | - | - | - | - | - | - | - | - | - |
| UE1 | 16 | 94,12 % | - | - | 1 | 5,88 % | - | - | 17 |
| UE2 | - | - | - | - | - | - | - | - | - |
| UE3 | 55 | 94,83 % | 2 | 3,45 % | 1 | 1,72 % | - | - | 58 |
| Total | 71 | 94,66 % | 2 | 2,67 % | 2 | 2,67 % | - | - | 75 |

Tabla E10-1

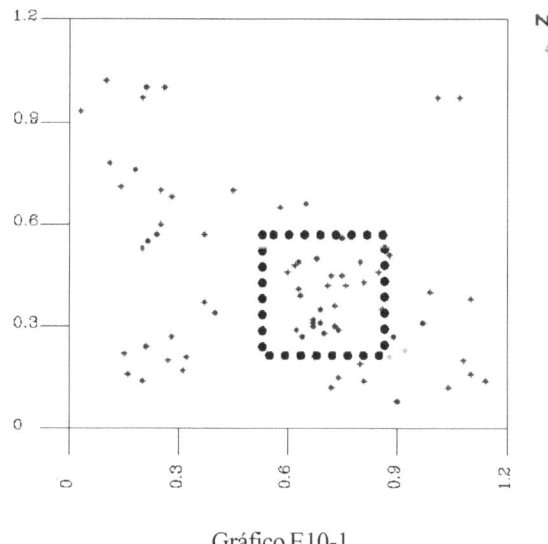

Gráfico E10-1

• ANÁLISIS

El total de materiales arqueológicos recuperados en excavación fueron 75. Correspondiendo la mayoría a fragmentos cerámicos (n=71, 94,66%.) Solo un 2,67% corresponde tanto a restos óseos (n=2), como a elementos líticos (n=2). La mayor cantidad de estos hallazgos fueron registrados, tal como se observa en la Tabla E10-1, en la UE 3.

Apelamos también en este sondeo a la cantidad y disposición de los materiales para inferir un piso de ocupación, igualmente se pudo asociar a ciertos rasgos constructivos. Es importante destacar que los valores porcentuales de hallazgos obtenidos por unidad estratigráfica mantuvieron valores altos y constantes a través de toda la secuencia de la excavación, particularmente entre una profundidad de 0,20 a 0,50 mts. y 0,60 a 0,75 mts. (UE1, 2 y 3). En este punto es necesario detenerme brevemente para ser más específico con respecto a este último dato. Al arribar en excavación a la roca madre, comenzaron a aparecer fragmentos de cerámica en posición primaria (grandes y medianos), específicamente hacia el centro de la cuadrícula. Comprobamos al finalizar la excavación que correspondían a una vasija de tipo tosca, que había sido colocada en un pequeño pozo intencionalmente excavado en

pequeñas piedras disgregadas correspondientes a la descomposición de la roca madre.

La roca madre comenzó a aparecer hacia el sector Norte de la cuadrícula, a unos 0,38 mts. de profundidad. Hacia el Sur aflora recién hacia los 0,61 mts.

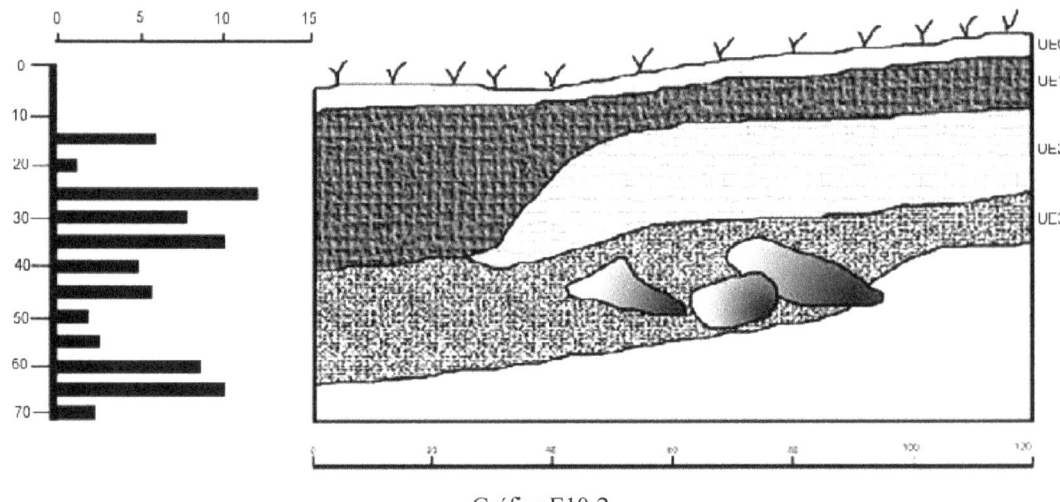

Gráfico E10-2

Fotografía E10.2. Vista desde el Sur de TT5. Unidad Estratigráfica 1.

el basamento para alojarla. Hacia uno de los costados, se encontró una piedra de mediano tamaño colocada a modo de sostén de la misma (ver fotografía E10.9, más adelante). La planta general de esta cuadrícula da cuenta que hacia el Centro y Sur de la cuadrícula se encuentra la mayor densidad de los materiales, teniendo una muy baja incidencia hacia el Norte y Este (ver Gráfico 1). La línea continua de puntos negros en el gráfico señala la ubicación y concentración de los fragmentos pertenecientes a la vasija apoyada sobre la roca madre, registrados entre una profundidad de 0,55 a 0,75 mts.

En el Gráfico E10-2 se representan estos mismos datos, pero desde una perspectiva de relación entre densidad de hallazgos (barra superior) y la profundidad en la que fueran registrados los hallazgos (establecida cada 0,05 mts - barra lateral). El perfil fue el registrado hacia el Oeste de la cuadrícula.

• TUCU-TUCU. USTEDES OTRA VEZ

En esta cuadrícula también registramos cámaras actuales de tucu-tucu. A diferencia de E18, no fueron numerosas y no alcanzaron una gran profundidad dentro de la cuadrícula.

Las denominamos TT5 y TT6. La primera, particularmente extensa, partía desde el cuadrante SE, en sentido casi longitudinal, hacia el centro de la cuadrícula (ver fotografía E10.2). La segunda se localizó contra el perfil Norte de la cuadrícula (ver fotografía E10.3).

En ambos casos se tomaron sus medidas y registraron relaciones contextuales. Se confeccionó en el terreno una planta (escala 1:10) consignado estos datos

Ambas cámaras fueron registradas en la UE1. TT5 comenzó a aparecer en excavación hacia el cuadrante SE, a unos 0,10 mts. de profundidad, extendiéndose hacia el cuadrante NO de la cuadrícula, alcanzando en ese sector una profundidad de 0,19 mts. La longitud de esta cámara fue de 0,11 mts. y un ancho máximo de 0,06 mts. TT6 fue localizada hacia el Norte de TT5, a unos 0,05 mts. por debajo de TT5. Esta cámara se extendía en sentido Este-Oeste, con una longitud de 0,30 mts.

Tanto en el interior como alrededor de la cámara TT5 no se registraron hallazgos. En cambio en TT6, al igual que lo registrado en una de las cámaras de E18, se recuperaron

Fotografía E10.3. Vista desde el Sur de TT6. A la izquierda, una ampliación en la que se puede apreciar el sedimento removido por los tucu-tucu en una noche.

Tabla E10-2

| Unidad Estratigráfica | Tipo Cerámico por UE | | | | | | | |
|---|---|---|---|---|---|---|---|---|
| | Tosco | FNR | Inka | SM B | FNG | Yocavil | indet. | |
| UE0 | - | - | - | - | - | - | - | - |
| UE1 | 14 | - | - | - | 1 | - | 1 | 16 |
| UE2 | - | - | - | - | - | - | - | - |
| UE3 | 39 | 8 | 4 | 2 | - | 1 | 1 | 55 |
| Totales | 53 (74,65 %) | 8 (11,27 %) | 4 (5,63 %) | 2 (2,82 %) | 1 (1,41 %) | 1 (1,41 %) | 2 (2,82 %) | 71 |

Tabla E10-3

| Unidad Estratigráfica | Tamaños por UE | | | | | | |
|---|---|---|---|---|---|---|---|
| | pequeño | porcentaje | mediano | porcentaje | grande | porcentaje | |
| UE0 | - | - | - | - | - | - | - |
| UE1 | - | - | 13 | 81,25 % | 3 | 18,75 % | 16 |
| UE2 | - | - | - | - | - | - | - |
| UE3 | 1 | 1,82 % | 29 | 52,73% | 25 | 45,45 % | 55 |
| Totales | 1 | 1,41% | 42 | 59,15 % | 28 | 39,44 % | 71 |

| Unidad Estratigráfica | Posición por UE | | | | | | |
|---|---|---|---|---|---|---|---|
| | inclinado | porcentaje | horizontal | porcentaje | vertical | porcentaje | |
| UE0 | - | - | - | - | - | - | - |
| UE1* | 7 | 50,00 % | 5 | 35,71 % | 2 | 14,29 % | 14 |
| UE2 | - | - | - | - | - | - | - |
| UE3 | 5 | 9,09 % | 31 | 56 % | 19 | 34,55 % | 55 |
| Totales | 12 | 17,39 % | 36 | 52,17% | 21 | 30,43 % | 69 |

\* No se consigna en esta UE los 2 fragmentos cerámicos removidos por TT

Tabla E10-4

| Fragmentos que remontan por Unidad Estratigráfica | | | | | | | |
|---|---|---|---|---|---|---|---|
| UE0 | | UE1 | | UE2 | | UE3 | |
| En estratigrafía | zaranda | En estratigrafía | zaranda | En estratigrafía | zaranda | En estratigrafía | zaranda |
| - | - | tosco (5) | - | - | - | FNR (5) Inka (2) Tosco (18) | FNR (1) Tosco (2) |

Tabla E10-5

| Unidad Estratigráfica | Fragmentos diagnósticos por UE | | | |
|---|---|---|---|---|
| | Bordes | | Bases | |
| | tipo cerámico | zaranda | tipo cerámico | zaranda |
| UE0 | - | - | - | - |
| UE1 | Tosco (1) | Tosco (2) | - | - |
| UE2 | - | - | - | - |
| UE3 | Tosco (2) FNR (5) SMB (1) Inka (2) | Tosco (2) | Inka (2) Tosco (1) | - |
| Totales | 11 | 4 | 3 | - |

Tabla E10-6

*VI. Metodología*

| Tipo | Forma | Tamaño | Función |
|---|---|---|---|
| Tosco | olla | grande | cocción de alimentos |
| | olla | mediana | cocción de alimentos |
| | olla | pequeña | cocción de alimentos |
| | olla | grande | Posiblemente "simbólica", ver referencias en el texto |
| Inka | aríbalo | S/D | almacenamiento |
| FNR | puco | mediano | servido y consumo |
| | olla | mediano | (?) |
| SM | puco | mediano | servido y consumo |
| Yocavil-Averías | Vaso (?) | S/D | (?) |

Tabla E10-7

fragmentos cerámicos removidos a superficie por los tucu-tucu, luego de un tiempo de estar expuesto.

• CERÁMICA

La muestra cerámica estuvo compuesta por 71 hallazgos. El conjunto de más alta frecuencia lo representaron los fragmentos toscos (n=53, 65%), frente a un 22,53% (n=16) de los decorados (Tabla E10-2)[20].

Los valores porcentuales obtenidos de tipos cerámicos por unidad estratigráfica manifestaron en la UE1 una alta proporción de fragmentos de tipos toscos por sobre los decorados. En cambio en UE3 notamos un marcado incremento en la frecuencia de fragmentos decorados, se registraron 39 fragmentos toscos y 15 decorados.

Debo destacar que, de los 39 fragmentos toscos, 33 correspondieron a una misma pieza que pudo ser reconstruida parcialmente (ver más adelante).

De la muestra total de fragmentos recuperados, los valores porcentuales obtenidos por tamaños corresponden, en muy alta proporción, a tamaños medianos y grandes (59,15% y 39,44% respectivamente), siendo ínfima la cantidad de pequeños (1,41%) (Tabla E10- 3).

En la siguiente Tabla (E10-4) se consigna la posición en la que fueran recuperados los materiales según las unidades estratigráficas respectivas. Nótese que el depósito, de acuerdo a esta Tabla, se presentó muy alterado. Sin embargo, debemos tener en cuenta que gran parte de los fragmentos en posición vertical e inclinada de UE3 corresponden, entre otros, a la pieza que se encontraba fragmentada in situ.

Las tareas de remontaje de los materiales nos permitieron ensamblar 33 fragmentos de la muestra total. Corresponden a tres piezas diferentes, un puco del tipo FNR, un plato pato y una pieza tosca (Tabla E10-5).

De igual modo, en este sondeo se recuperaron cierta cantidad de fragmentos diagnósticos. En muchos casos, estos se encontraron en buen estado de conservación y pudieron ser remontados, lo que en definitiva nos permitió la posibilidad de poder reconocer cierta cantidad de formas (ver Tablas E10-6 y E10-7).

Estos últimos resultados nos posibilitaron realizar análisis tendientes a determinar el NMP presentes en este sector de E 10, ciertamente los más satisfactorios de todos los sondeos realizados (Tabla E10- 7).

Por otra parte, el análisis de los fragmentos decorados permite distinguir una alta variabilidad de tipos presentes en toda la secuencia de deposición. Estos se encontraron presentes en casi todo el depósito, desde sus niveles más profundos (ver más arriba, Tabla E10-2).

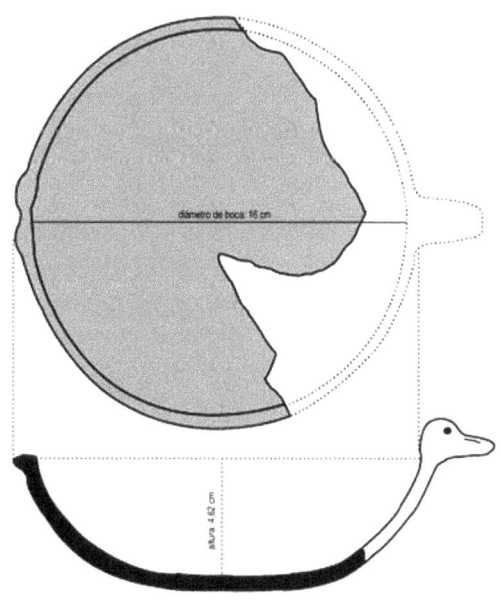

Gráfico E10-3

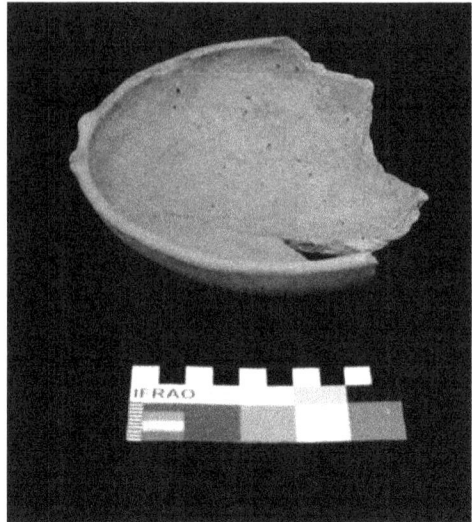

Fotografía E10.4. Plato pato

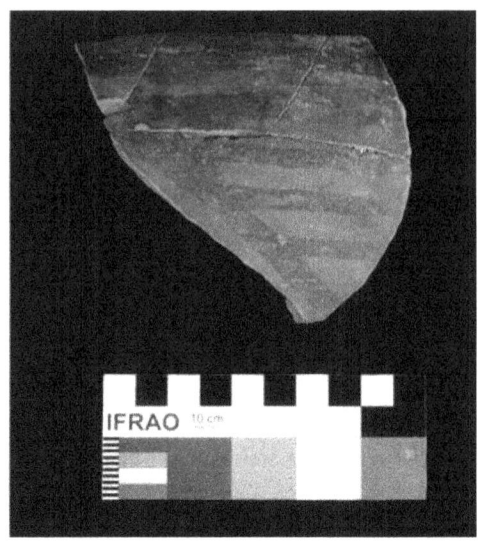

Fotografía E10.5. Escudilla Famabalasto Ns/R

Fotografía E10.6. Fragmentos SM bicolor

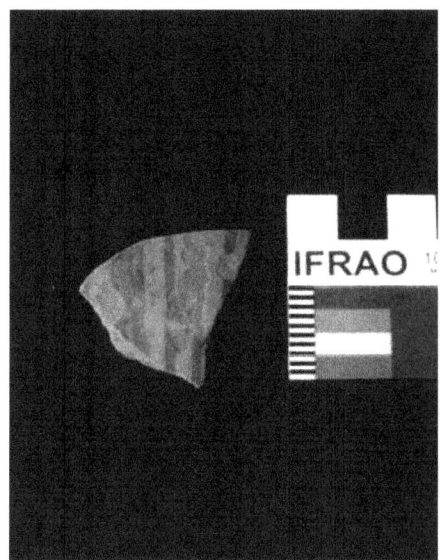

Fotografía E10.7 Fragmento Yocavil-Averías

Debo destacar el hallazgo de dos grandes fragmentos de un plato pato, localizados hacia el Centro-Oeste de la cuadrícula (UE 3), que completaban casi la totalidad de la pieza. Ambos presentaron un muy buen estado de conservación, siendo aún visible un engobe rojizo en sus superficies interna y externa (ver fotografía E10.4 y Gráfico E10-3)[21].

Se recuperaron 8 fragmentos FNR, de los cuales 6 pudieron ser remontados. Distinguimos tres piezas diferentes, una de las cuales es de gran tamaño (4 fragmentos que conforman una escudilla). Los fragmentos de esta pieza, con un muy buen estado de conservación, fueron recuperados entre una profundidad de 0,25 a 0,50 mts. (ver fotografía E10.5 y E10.12).

Otro fragmento, de tamaño grande, corresponde a borde, cuello y parte del cuerpo. El borde es evertido, con decoración en pintura negra en su superficie interna. La porción correspondiente al cuerpo, si bien no muy grande, permite distinguir que se trataría de parte una pequeña «olla» subglobular. También presenta diseños en negro en su superficie externa.

Fotografía E10.8. Uno de los fragmentos toscos recuperados en E10Sn1[23]

Fotografía E10.9. Vista de la vasija in situ

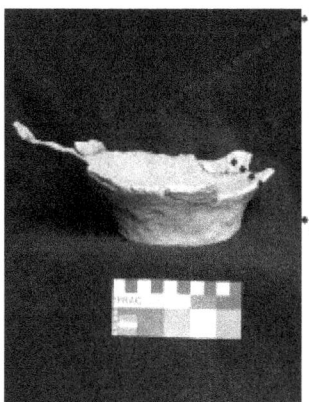

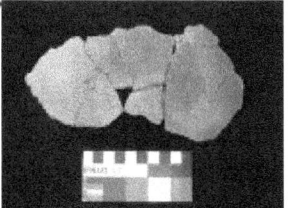
Fotografía E10.10 y E10.11. Fragmentos remontados de la vasija. Corresponden al sector señalado en líneas punteadas.

Los fragmentos SM bicolor son pequeños, uno de ellos es un borde de un pequeño puco. No remontan entre ellos, pero parecen pertenecer a una misma pieza. Se conserva bien su pintura original, distinguiéndose diseños geométricos en negro sobre un baño crema (ver fotografía E10.6).

El fragmento Yocavil-Averías fue encontrado a bastante profundidad ( 0,60 mts.). Es de tamaño mediano y su estado de conservación es regular (ver fotografía E10.7). En su superficie exterior se perdió parte de la decoración por descascaramiento, sin embargo se observa claramente un fondo de baño crema amarillento, con diseños lineales y paralelos realizados en negro azulado y en rojo[22]. Debo destacar que este fragmento es –hasta el momento- el único de su tipo reconocido en el Valle de Tafí.

Pocos centímetros por debajo de este último hallazgo recuperamos un fragmento cerámico grande, que corresponde al cuello de un aríbalo. Presenta en su superficie exterior un fondo rojizo y es apenas visible una línea realizada en negro.

Por otra parte, ya mencioné al conjunto de fragmentos toscos como el de mayor representatividad (n=53; 74,65%). Estos se encontraron en toda la secuencia de depositación, siempre con valores superiores a los de los tipos decorados (ver fotografía E10.8).

Se registraron muy pocos fragmentos diagnósticos, principalmente bordes (n=4, dos corresponden a una misma pieza). El porcentaje de fragmentos con evidencia exposición al fuego (hollín y/o ahumado) fue relativamente alto (53,70%).

La pieza más significativa de este conjunto corresponde a una vasija que se encontraba apoyada en un pequeño pozo realizado en la roca madre (ver fotografías E10.9, 10 y 11).

Se recuperaron 33 fragmentos que corresponden a esta pieza, de los cuales 21 pudieron ser remontados (ver fotografías E10.10 y E10.11). Se trata de una pieza de tamaño bastante grande, resultando particularmente sugestiva la ausencia de los fragmentos que la completen.

Nuestro análisis general de la excavación no hace descartar una «masiva» migración de fragmentos por tucu-tucu (u otro factor postdepositacional), por lo que podemos suponer que fuera depositada ya fragmentada.

• ARQUITECTURA

La excavación fue efectuada junto a una porción de la pared Norte de E10. Esta afloraba levemente por sobre superficie. Nuestros primeros registros notaron el manejo de piedras de diferente tamaño, conformando una pared de hilada doble. Algunas de estas piedras, de gran tamaño, poseían una longitud promedio de 0,40 x 0,50 mts, otras de tamaño más reducido tuvieron en promedio 0,30 x 0,15 mts.

A una profundidad aproximada de 0,45 mts. de excavación (UE3), fueron registradas piedras correspondientes al derrumbe de esta pared, estas son de tamaño mediano (en promedio 0,20 x 0,15 mts.) localizadas principalmente hacia el cuadrante SE de la cuadrícula. Junto a estas piedras se encontraron mezclados algunos fragmentos cerámicos (ver fotografía E10.12).

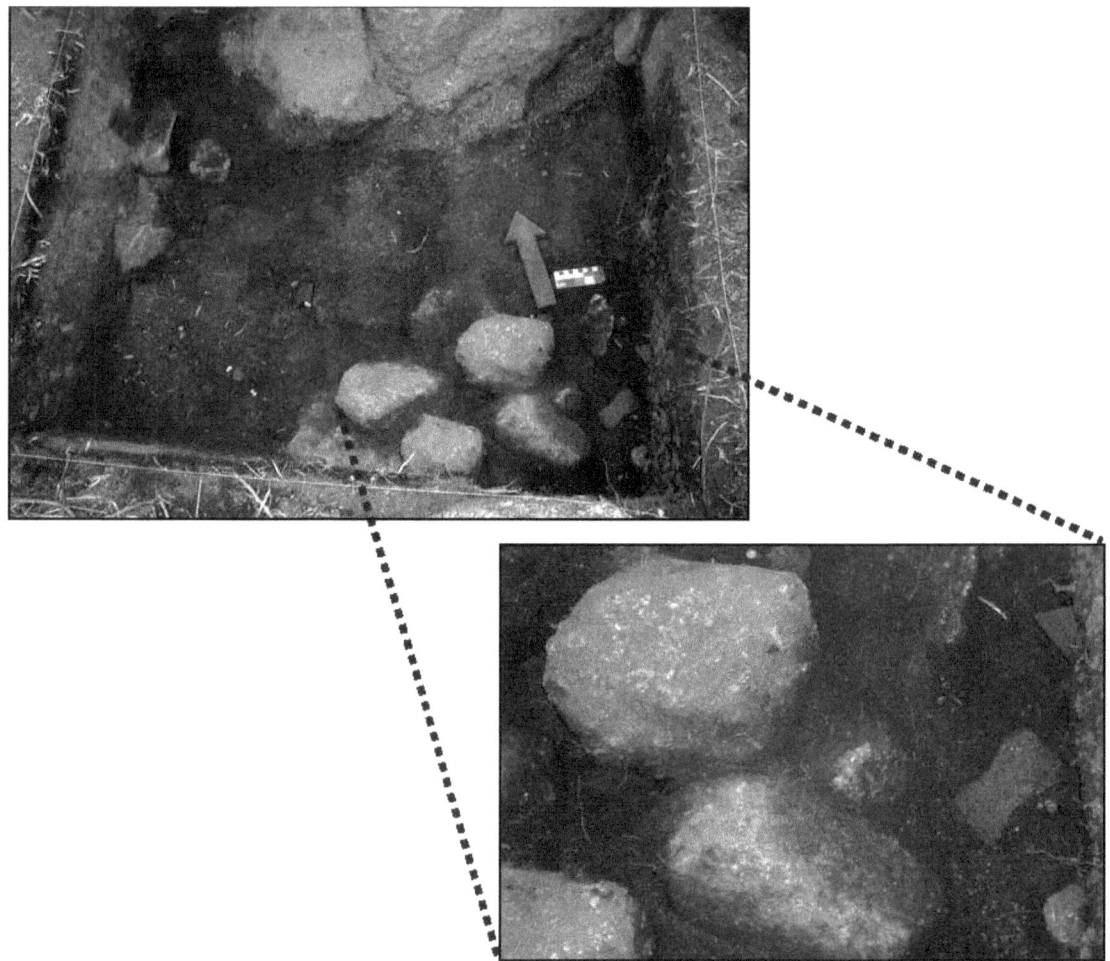

Fotografía E10.12. Vista desde el Sur, nótese las piedras del derrumbe de la pared Norte (abajo y a la derecha). En la ampliación se aprecian tres grandes fragmentos cerámicos in situ, dos de ellos corresponden al FNR parcialmente reconstruido referido en el texto (ver fotografía E10.5)

Fotografía E10.13. Vista desde el Sur, se señala una de las piedras del afloramiento utilizada como base para la construcción de la pared Norte

Al finalizar la excavación registramos que este paramento estaba conformado por piedras colocadas una por sobre otra, de forma vertical, con sus caras planas hacia el interior del recinto. Hacia el NE notamos que, al igual que en E9, se aprovecharon grandes piedras del afloramiento para acomodar algunas de estas piedras (ver fotografías E10.13 y E9.14 para referencia).

La base sobre la que estaban apoyadas las piedras correspondió a los primeros centímetros de la UE3. De este modo, registramos que la altura alcanzada por esta pared estuvo en el orden de los 0,60 cm.

Resta ofrecer dos últimas consideraciones. En primer lugar, que la mayor concentración de materiales comienza a acentuarse a partir del basamento de esta pared, manteniendo valores porcentuales relativamente parejos entre los 0,45 a 0,25 mts. de excavación (ver Gráfico 2). Por otra parte, no registramos evidencia en esta pared de algún tipo de revestimiento o indicios de remodelaciones estructurales.

• SINTESIS

La cantidad y diversidad de los elementos recuperados en este sondeo nos permitió realizar una serie de observaciones sobre los bienes materiales, principalmente en relación a criterios cronológicos y de uso.

No obstante haberse registrado cámaras de tucu-tucu en esta cuadricula, una alta proporción de fragmentos recuperados son de tamaño grande y mediano, y en los niveles de mayor concentración de materiales estos aparecieron en posición primaria de depositación. La mayor densidad de hallazgos se relaciona con el evento de construcción de la pared Norte de este sector de la estructura.

Los materiales arqueológicos recuperados en esta excavación corresponden mayoritariamente a fragmentos cerámicos. De ellos, una gran proporción corresponden a fragmentos toscos, relacionados éstos al almacenamiento y/o cocción de alimentos. Una de estas piezas se «colocó» por debajo del nivel de ocupación, tal vez como un «acto fundacional».

Sin embargo, hay que destacar el registro de una amplia variedad estilística de piezas decoradas, todas correspondientes a momentos de dominio inkaico en el NOA. Pensamos, por el tipo de material registrado, que estos pudieron participar aquí dentro de un contexto relacionado a actividades de carácter especial, interviniendo como objetos de alto valor simbólico.

**E 9**

- Sitio: LCZVIIIS1
- Estructura: 9
- Sector: Ss-2
- Dimensión excavación: 1,20 x 1,20 mts.
- Coordenadas geográficas: 26°49'56,9" lat. Sur
  65°41'33,2" long. Oeste

La Estructura 9 (E9) se localiza hacia el Oeste de Ss-2 (fotografía E9.1). Presenta un muy buen estado de conservación. Es de planta subrectangular de unos 21 mts2. Sus paredes, de hilada doble, están construidas en piedras graníticas de diversa morfología (algunas de gran tamaño) unidas entre sí sin la utilización de mortero.

En algunos casos, en particular el sector Norte de la pared Oeste, fueron seleccionadas piedras de gran tamaño colocadas de forma vertical con su cara plana hacia el interior del recinto. A diferencia de la pared Sur, que está compuesta por piedras más pequeñas y redondeadas colocadas una encima de la otra. Las paredes Oeste y Este siguen un rumbo uniforme hacia el Norte, en cambio la pared Sur se abre unos 10° hacia el Sureste.

• DESCRIPCIÓN DE LA EXCAVACION

Las tareas de excavación se desarrollaron en el área SO de E9. Luego de la limpieza de superficie, se abrió la cuadrícula junto a la esquina del recinto que une a la pared Oeste y Este (ver fotografía E9.2).

El suelo actual en E9 no presentó alteraciones recientes por pisoteo de animales o actividad reciente de tucu-tucu (los clásicos «montículos», o bocas de túneles).

Se registraron 3 unidades estratigráficas, UE0 a UE2. La UE 0 corresponde a los 0,05 mts. del suelo que fue limpiado a pala rasante.

La UE1, de color marrón claro, presentó un espesor variable, entre 0,17 mts. (hacia el Norte) profundizándose hacia el Sur, alcanzando una profundidad máxima de 0,33 mts. Es de forma plano horizontal, distribuyéndose homogéneamente por toda la cuadricula. Presentó escasa compactación, compuesta principalmente por materia orgánica (pequeñas y grandes raíces, con algunas hojas en descomposición).

La UE2 es plano horizontal de espesor homogéneo (0,20 mts). Se extendió por toda la cuadricula, comenzando a aparecer en excavación a los 0,22 mts., alcanzando mayor profundidad hacia el Sur (0,55 mts.). De color marrón rojizo, presentó una mayor compactación con alto porcentaje de gravilla y pequeñas piedras disgregadas (descomposición de la roca madre). La roca madre comenzó a aflorar hacia el sector central de la cuadricula a unos 0,40 mts. de profundidad.

• ANÁLISIS

Los restos materiales recuperados en este sondeo fueron escasos. La muestra estuvo compuesta por 43 materiales, de los cuales 41 corresponden a fragmentos cerámicos (95,35%) y 2 elementos líticos (4,65%)[24]. La Tabla 1 da cuenta de la densidad de hallazgos por unidad estratigráfica.

Identificamos un posible piso de ocupación en relación a la cantidad y disposición de los materiales y por su asociación con ciertos rasgos constructivos. La Tabla 2 indica la proporción relativa respecto a la posición de los hallazgos

Fotografía E9.1. Se señala hacia la izquierda la E9. Nótese la proximidad espacial con E10 y E11, ubicados a un metro por debajo de E9 y por fuera del muro Oeste de Ss2.

Fotografía E9.2. Vista desde el Este de E9Sn1.

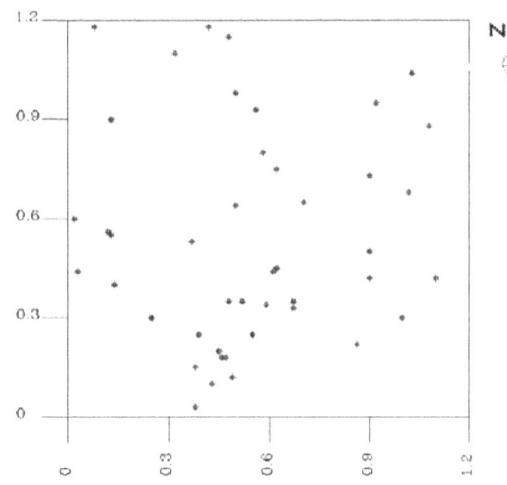

Gráfico 1

al momento de nuestras excavaciones. De acuerdo a ello, es necesario señalar el alto porcentaje de materiales en posición inclinada. Si bien los verticales no son tan abundantes, su número no deja de ser significativo.

Como se puede apreciar en la planta general de la cuadrícula, la distribución y densidad de hallazgos en toda la cuadrícula es particularmente aleatoria (Gráfico 1). En ninguna de las UE se registró una concentración localizada de materiales.

En el siguiente Gráfico (2) se presentan estos mismos datos, atendiendo a la relación entre densidad de hallazgos (barra superior) y la profundidad en la que fueran registrados los hallazgos. El perfil fue el registrado hacia el Oeste de la cuadrícula.

• CERÁMICA

Se recuperaron 41 fragmentos, la mayoría de ellos son toscos (n=20, 48,78%), 13 decorados (31,71%) y 8

## Tipo de material por UE

| Unidad Estratigráfica | cerámica | porcentaje | lítico | porcentaje | otros | porcentaje | total |
|---|---|---|---|---|---|---|---|
| UE0 | - | - | - | - | - | - | - |
| UE1 | 18 | 100% | - | - | - | - | 18 |
| UE2 | 23 | 92% | 2 | 8% | - | - | 25 |
| Total | 41 | 93,35% | 2 | 4,65% | - | - | 43 |

Tabla 1

## Posición por UE

| Unidad Estratigráfica | inclinado | porcentaje | horizontal | porcentaje | vertical | porcentaje | |
|---|---|---|---|---|---|---|---|
| UE0 | - | - | - | - | - | - | - |
| UE1 | 8 | 44,44 % | 7 | 38,89 % | 3 | 16,67 % | 18 |
| UE2 | 11 | 47,83 % | 10 | 43,48 % | 2 | 8,69 % | 23 |
| Totales | 19 | 46,34 % | 17 | 41,46 % | 5 | 12,20 % | 41 |

Tabla 2

## Tamaños por UE

| Unidad Estratigráfica | pequeño | porcentaje | mediano | porcentaje | grande | porcentaje | |
|---|---|---|---|---|---|---|---|
| UE0 | - | - | - | - | - | - | - |
| UE1 | - | - | 17 | 94,44 % | 1 | 5,56 % | 18 |
| UE2 | 1 | 4,35 % | 15 | 65,22 % | 7 | 30,43 % | 23 |
| Totales | 1 | 2,44 % | 32 | 78,05 % | 8 | 19,51 % | 41 |

Tabla 3

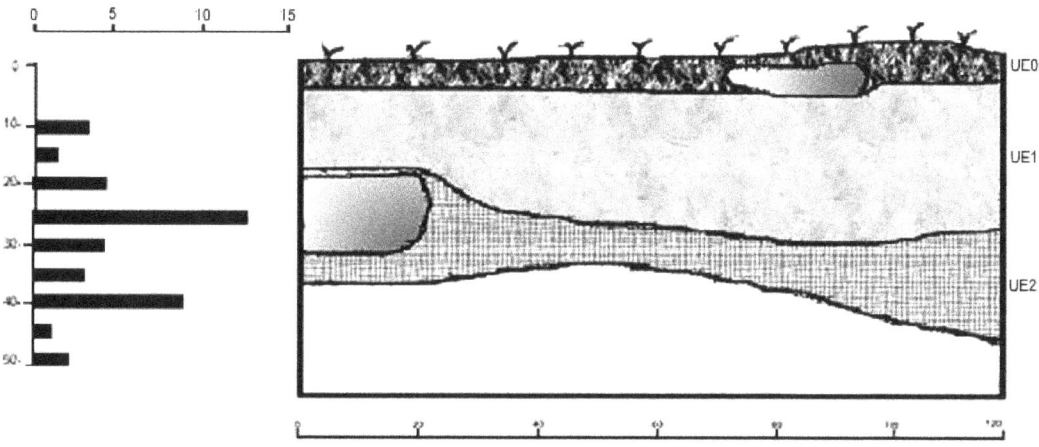

Gráfico 2.

## Fragmentos que remontan por Unidad Estratigráfica

| UE0 | | UE1 | | UE2 | |
|---|---|---|---|---|---|
| En estratigrafía | zaranda | En estratigrafía | zaranda | En estratigrafía | zaranda |
| - | - | tosco (2) indet. (1) | Tosco (1) | Indet. (1) SMB (2) | Tosco (1) |

Tabla 4

| Unidad Estratigráfica | Tipos Cerámicos | | | | | | | total |
|---|---|---|---|---|---|---|---|---|
| | Tosco | Inka | SM B | SM N/R | FNR | FNG | indet. | |
| UE0 | - | - | - | - | - | - | - | - |
| UE1 | 11 | 1 | 1 | 1 | - | - | 4 | 18 |
| UE2 | 9 | 4 | 3 | 1 | 1 | 1 | 4 | 23 |
| Total | 20 (48,78 %) | 5 (12,20 %) | 4 (9,76 %) | 2 (4,88 %) | 1 (2,44 %) | 1 (2,44 %) | 8 (19,51 %) | 41 |

Tabla 5

indeterminados (19,51%). La Tabla 3 da cuenta de la proporción de tamaños de estos fragmentos por UE. Llama la atención la escasa cantidad de los fragmentos pequeños y, a su vez, la alta proporción de fragmentos grandes de la UE más profunda.

Las tareas de remontaje permitieron ensamblar solo 8 fragmentos, que correspondían a cuatro piezas diferentes: dos toscas, una SMB (con restos de hollín en sus superficies interna y externa) y otra decorada, aunque no pudimos determinar el tipo cerámico por el alto grado de erosión (Tabla 4).

Los tipos cerámicos decorados presentan una alta variabilidad, todos correspondientes a momentos muy tardíos de ocupación del valle (Tabla 5).

Evaluando los resultados obtenidos en nuestros análisis podemos señalar que el SM bicolor está representado por un número mínimo de dos piezas. Una de estas conformada por dos fragmentos que no remontan (ver fotografía E9.3). Ambos se encuentran en buen estado de conservación, presentando en sus superficies externas diseños en negro sobre fondo crema. Corresponden a una olla subglobular.

La otra pieza SM Bicolor está compuesta por dos fragmentos (tamaño mediano y pequeño) en buen estado, conservando su pintura original en superficies externa e interna (ver fotografía E9.4). Estos fragmentos no remontan, pero parecen corresponder a un puco.

Los fragmentos del SM N/R son de tamaño mediano y se encuentran en regular estado de conservación. No parecen pertenecer a una misma pieza, ambos conservan en su superficie externa parte de su pintura original, en un caso muy tenue y en el otro se encuentra representado parte de un diseño reticulado. El fragmento FNG es de tamaño mediano, se encuentra en regular estado de conservación, por erosión de su superficie externa. Aunque en su superficie interna se mantiene el negro intenso producido por pulido. La cerámica inkaica se encuentra representada por un pie de compotera (ver fotografía E9.5), dos fragmentos de plato pato y un borde de aríbalo.

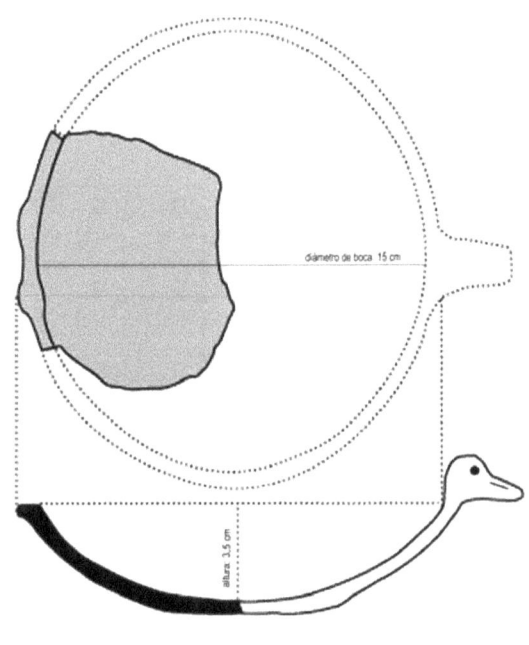

Gráfico 3

## VI. Metodología

Fotografía E9.3. Fragmento de gran tamaño de pieza subglobular SMB

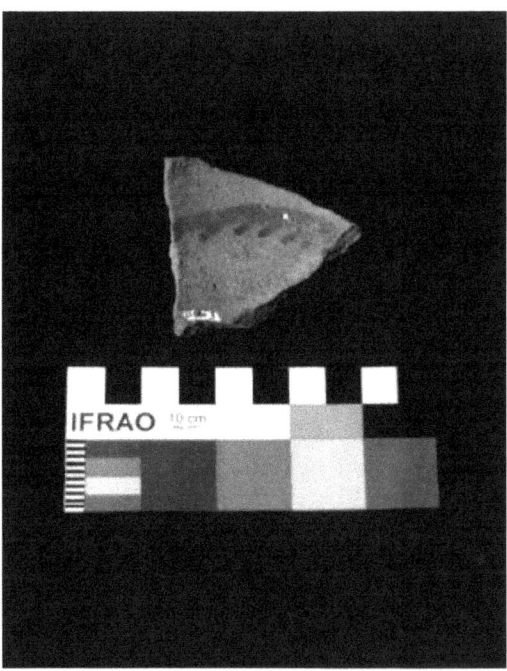

Fotografía E9.4. Fragmento mediano de SMB, vista de diseños en su superficie interna.

Fotografía E9.5. Pie de compotera

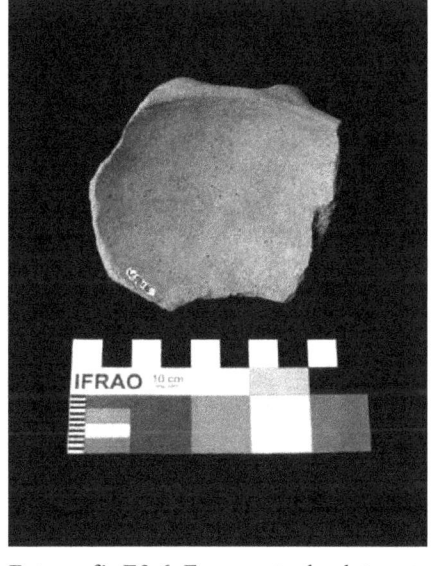

Fotografía E9.6. Fragmento de plato pato

Los fragmentos de plato pato corresponden a dos piezas diferentes. Uno de ellos, de tamaño grande, presenta en su borde las clásicas «colitas». En ambas superficies se observan restos de un engobe rojo (ver fotografía E9.6 y gráfico 3). El otro fragmento de plato pato es de tamaño mediano y conserva parte del borde y del cuerpo. Si bien su estado de conservación es regular, su superficie interna aún presenta restos de engobe rojizo.

El fragmento de borde de aríbalo es de gran tamaño, se encuentra en mal estado de conservación, aunque en algunos sectores se observa restos de pintura rojiza.

De los fragmentos toscos solo pudieron ser remontados 4 fragmentos, correspondientes a dos piezas diferentes. Por otra parte, hemos recuperado un pequeño fragmento de borde correspondiente a otra pieza. Una gran proporción del resto de los fragmentos toscos se encuentra en mal estado de conservación, lo que dificultó seriamente nuestro análisis. Un poco más de la mitad de la muestra, 12 fragmentos (57,14%), presentaron restos de hollín en su superficies (interna y/o externas).

Finalmente, sobre la base de estos análisis hemos determinado el NMP presentes en la totalidad de la muestra cerámica (Tabla 6)

• LÍTICO

En excavación se recuperaron seis elementos líticos: 2 in situ y 4 en zaranda. Los primeros corresponden a un desecho de talla de cuarzo blanco y un elemento de molienda, un

| Tipo cerámico | Forma | Función |
|---|---|---|
| Inka | pie de compotera | cocción de alimentos |
| | aríbalo | almacenamiento de líquidos |
| | plato pato (2) | servido y consumo de alimentos |
| Santamariano | puco | servido y consumo de alimentos |
| | olla | almacenamiento |
| Tosco | olla | cocción de alimentos |
| | puco | servido y consumo de alimentos |

Tabla E9-6

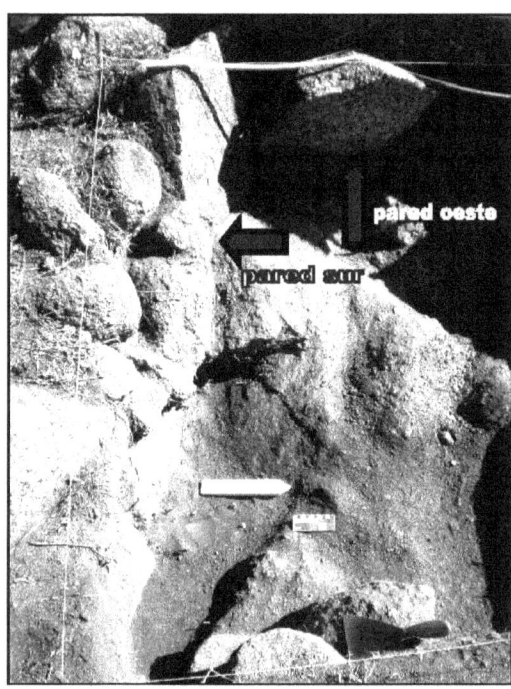

Fotografía E9.7. Vista desde el Este, se observa la esquina Sudoeste de E9

Fotografía E9.8. En primer plano la pared Oeste de E9

metate. En zaranda se recuperaron desechos de talla de obsidiana. Al igual que lo registrado en nuestras recolecciones de superficie en este sitio, destacamos la variedad de tipos registrados (ver fotografías VII.15 a 17, Capítulo VII).

• ARQUITECTURA

La excavación nos permitió poner al descubierto segmentos correspondientes a las caras internas de las paredes Oeste y Sur. El material utilizado para la construcción de ambas paredes es local (granito), al igual que para la construcción de los muros de Ss-2 (ver fotografías E9.7 y E9.8).

Las piedras puestas al descubierto de la pared Oeste son de gran tamaño y fueron colocadas de forma vertical, apoyadas sobre rocas del afloramiento o sobre otras de menor tamaño. En algunos casos fueron colocadas entre estas grandes piedras algunas otras de mucho menor tamaño para el relleno de espacios vacíos (ver fotografía E9.9).

La pared Sur conforma también una doble hilada, pero fue levantada con piedras de diverso tamaño, preferentemente medianas y redondeadas, colocadas una por encima de otras, hasta alcanzar la misma altura que registró la pared Oeste (alrededor de los 0,40 mts.). Hacia la esquina de esta estructura se aprovechó una gran roca del basamento (ver fotografía E9.10, ver también fotografía E10.14).

La mayor concentración de materiales se registró a partir de su fundación, acrecentándose este porcentaje hasta los 0,20 mts. de profundidad. A esa profundidad apareció un fragmento grande del cuerpo de una vasija SM bicolor asociada a un pie de compotera (hallado en posición invertida) y un metate, todos en posición primaria de depositación (ver fotografía E9.11). Unos pocos centímetros

VI. Metodología

Fotografía E9.9. Vista de E9Sn1 desde el Este. Hacia la izquierda se observa parcialmente la pared Sur. En primer plano, hacia el centro, se observan las piedras que constituyen parte de la pared Oeste de E9.

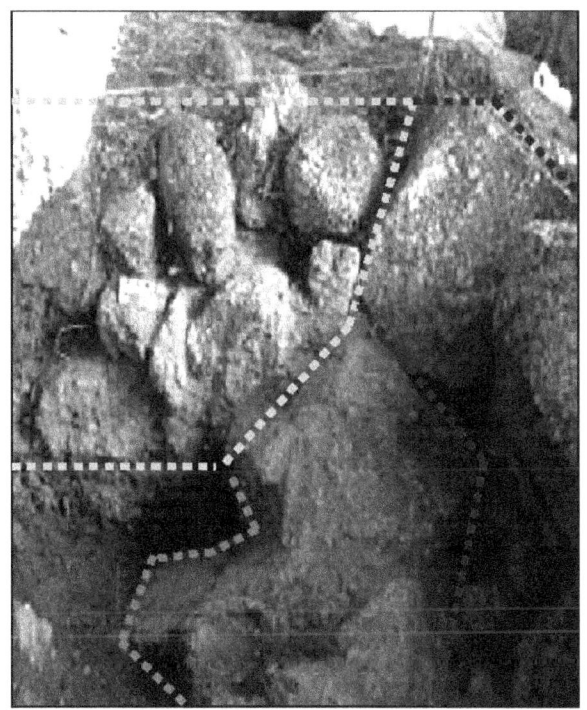

Fotografía E9.10. Vista desde el Norte, las líneas punteadas hacia la izquierda delimitan la pared Sur. Las líneas punteadas hacia la derecha y abajo señalan la pared Oeste. Las líneas punteadas hacia abajo y el centro señalan una gran roca del basamento que fuera aprovechada para colocar algunas de las piedras de ambas paredes.

por debajo de estos hallazgos, se recuperó el fragmento de gran tamaño de plato pato en posición levemente inclinada, ya que se apoyaba sobre la roca madre (ver fotografía E9.12)

• SÍNTESIS

En el sondeo de esta estructura se recuperó un número relativamente escaso de materiales arqueológicos. En primer lugar, podemos destacar los elementos líticos recuperados, entre ellos el metate, recuperado en posición primaria, hacia la esquina del recinto. El hallazgo de este elemento, utilizado para la molienda de alimentos, sumado a la alta proporción de fragmentos toscos, nos permite sostener la realización de actividades relacionadas a lo doméstico (al menos) en este sector de la estructura.

El alto porcentaje relativo de desechos de talla de obsidiana, a más de la posible variedad de su procedencia como materia prima, también apoya este tipo de interpretaciones.

Interesa señalar también que en este sondeo pudimos ubicar el área de ocupación en base a la densidad y posición de los materiales arqueológicos y la concordancia con la base de las paredes, antes que a rasgos específicos del sedimento.

Nuevamente, la variedad de fragmentos decorados refleja una ocupación muy tardía, con relevancia de aquellos claramente inkaicos y santamarianos.

**E 5**

- Sitio: LCZVIIIS1
- Estructura: 5
- Sector: Ss-1
- Dimensión excavación: 1,20 x 1,20 mts.
- Coordenadas geográficas: 26°49'56,2'' lat. Sur
  65°41'32,7' long. Oeste

E5 se localiza hacia el Sureste del Ss-1. Conforma, junto a E3 y E4, un grupo de estructuras adosadas dispuestas en eje Norte-Sur. Hacia el Oeste, y a muy escasa distancia de este conjunto de estructuras, se observa una estructura compleja a manera de aterrazamiento (E6), compuesta por

Fotografía E9.11. Tomada desde el Este. La flecha hacia la izquierda señala el fragmento SM bicolor. La flecha hacia el centro (inferior) señala el pie de compotera (hallado en posición invertida) y la flecha hacia el centro (superior) indica el metate.

Fotografía E9.12. Tomada desde el Sur. La flecha hacia la izquierda señala el fragmento de plato pato recuperado a muy pocos centímetros por debajo de los hallazgos mencionados anteriormente.

una serie paralela de hileras de piedras, cortadas perpendicularmente por otra hilera de similares características (ver Plano del Sitio).

E5 es una estructura de planta rectangular, con su eje mayor en dirección Norte-Sur, y una superficie de 54,60 m2. Sus paredes son de hilada doble con relleno interior. Fueron utilizadas piedras graníticas de diferente tamaño y morfología, colocadas horizontalmente (ver fotografía E5.1).

Esta estructura se encuentra en regular estado de conservación[25]. En superficie se registraron algunas piedras que podrían corresponder a derrumbes de las paredes.

• DESCRIPCIÓN DE LA EXCAVACIÓN

Las tareas de excavación se desarrollaron en el área NO de la estructura, específicamente contra el sector central de la pared Oeste (ver fotografía E5.2).

El suelo actual en E5 presentó evidencia de pisoteo reciente (se encuentra muy cercano a los corrales) y excremento de caballos. Aunque no se registró actividad reciente de tucu-tucu o remociones producto de huaqueo. La vegetación estaba compuesta principalmente por gramíneas, con algunas pequeñas arbustivas secas.

*VI. Metodología*

Fotografía E5.1. Tomada desde el Suroeste, las líneas continuas en blanco señalan la disposición espacial de E5.

Fotografía E5.2. Tomada desde el Sureste, en momentos previos al comenzar la excavación. Hacia el centro de la foto se observa el lugar delimitado para la realización del sondeo.

Este sondeo presentó una estratigrafía bastante compleja, a pesar que nuestras excavaciones solo alcanzaron los 0,33 mts. de profundidad. Hemos individualizado 7 unidades estratigráficas, UE0 a UE6, siendo que la primera corresponde a los 0,05 mts. superficiales que fueron extraídos a pala rasante.

La UE1, de color negro, presentó escasa compactación y una composición de limo, arena y abundante contenido orgánico (raíces y rizomas). Su potencia es mayor en las proximidades de la pared.

La UE2, más arcillosa y de escasa compactación, presenta un color marrón claro. Está compuesta por arcilla limosa con presencia de gravilla y contenido orgánico (pequeñas raíces). De textura heterogénea, este estrato comenzó a presentar mayor compactación. Se distribuía en toda la superficie del sondeo, salvo en el sector NO (ocupada por UE3). Posteriormente, en profundidad, ocupó la porción central de la cuadrícula (ver gráfico 2).

La UE3 ocupaba el sector NO del sondeo, junto a la pared, presentando un color marrón grisáceo oscuro. Posiblemente se trata del mismo depósito que UE2, pero que al estar apoyado junto a la pared conservó mayor humedad. Tiene una mayor proporción de gravilla.

La UE4, de color marrón más claro, estuvo compuesta principalmente por limo con agregado de arena. Este estrato fue el de mayor compactación. Apareció por debajo de UE2, hacia los cuadrantes NE y SE. Inmediatamente por debajo de UE4 apareció UE5.

La UE5, de color marrón claro, estuvo compuesta principalmente por limo con composición secundaria de arena y arcilla y una menor compactación. Su distribución en la cuadrícula fue muy similar a la registrada para UE4, ocupando gran parte del sector Este de la cuadrícula.

La UE6, de color marrón rojizo, apareció en excavación a unos 0,22 mts., extendiéndose por toda la cuadrícula. Debe su tonalidad a la presencia de hierro por alteración de feldespatos. Estuvo compuesta principalmente por arcilla arenosa, con composición secundaria de roca disgregada correspondiente a la descomposición de la roca madre.

| Unidad Estratigráfica | Tipo de material | | | | | |
|---|---|---|---|---|---|---|
| | cerámica | óseo | lítico | metales | otros | total |
| UE0 | - | - | - | - | - | - |
| UE1 | - | - | - | - | - | - |
| UE2 | 17 | | 2 | | 1 | 20 |
| UE3 | 47 | 2 | 5 | 1 | 1 | 56 |
| UE4 | 1 | - | - | - | - | 1 |
| UE5 | 49 | - | - | - | - | 49 |
| UE6 | 4 | - | - | - | - | 4 |
| Total | 118 | 2 | 7 | 1 | 2 | 130 |

Tabla 1

| Unidad Estratigráfica | Tipo Cerámico por UE | | | | | |
|---|---|---|---|---|---|---|
| | Tosco | FNG | FNR | Inka | indet. | |
| UE0 | - | - | - | - | - | - |
| UE1 | | - | - | - | - | - |
| UE2 | 13 | - | - | 1 | 2 | 17 |
| UE3 | 31 | 7 | 1 | - | 9 | 47 |
| UE4 | 1 | - | - | - | - | 1 |
| UE5 | 40 | - | 3 | - | 6 | 49 |
| UE6 | 4 | - | - | - | - | 4 |
| Totales | 89 (75,42 %) | 7 (5,93 %) | 4 (3,39 %) | 1 (0,85 %) | 17 (14,14 %) | 118 |

Tabla 2

| Unidad Estratigráfica | Tamaños de los fragmentos por UE | | | | | | |
|---|---|---|---|---|---|---|---|
| | pequeño | porcentaje | mediano | porcentaje | grande | porcentaje | |
| UE0 | - | - | - | - | - | - | - |
| UE1 | - | - | - | - | - | - | - |
| UE2 | 9 | 52,94 % | 8 | 47,06 % | - | - | 17 |
| UE3* | 15 | 31,91 % | 27 | 54,45 % | 5 | 10,64 % | 47 |
| UE4 | 1 | 100 % | - | - | - | - | 1 |
| UE5 | 20 | 40,82 % | 28 | 57,14 % | 1 | 2,04 % | 49 |
| UE6 | 2 | 50 % | 2 | 50 % | - | - | 4 |
| Totales | 47 | 39,83 % | 65 | 55,08 % | 6 | 5,08 % | 118 |

Tabla 3

*VI. Metodología*

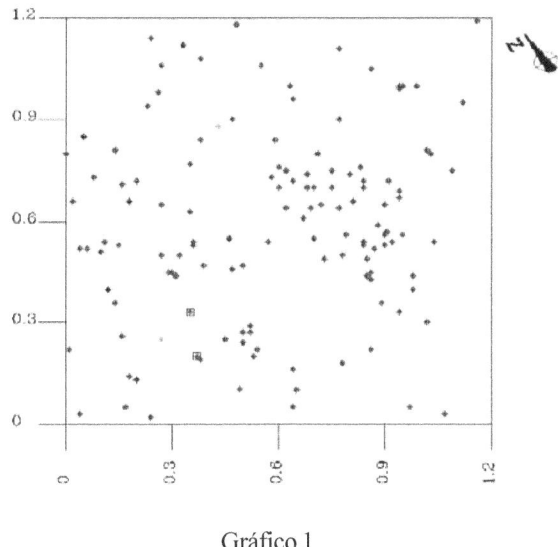

Gráfico 1

• ANÁLISIS

Este sondeo aportó cantidad (y variedad) de materiales. Se recuperaron 130 elementos, de los cuales la mayor proporción corresponde a materiales cerámicos (90,76%), en menor medida elementos líticos (5,38%), restos óseos (1,54%), metales (0,76%)[26] y lo que denominamos como «otros» (1,54%)[27]. Su distribución por UE se presenta en la siguiente Tabla (1).

Ha sido notoria la distribución registrada de los materiales en estratigrafía, siendo que ellos aparecen principalmente en la UE 3 y en UE 5 (ver también Anexo Planillas). La planta general realizada en Autocad (Gráfico 1), refleja una distribución bastante homogénea de los materiales por toda la cuadricula. En particular, los fragmentos cerámicos fueron registrados en toda la cuadricula, los elementos líticos, se localizaron hacia los cuadrantes Noroeste y Sudoeste (UE3), en cercanía a la pared Oeste de E5. Pequeñas concentraciones de carbón fueron halladas en cercanía, hacia el cuadrante Sudoeste (UE2 y 3). Un elemento metálico fue hallado hacia el NO, en la UE3.

En el Gráfico 2 se representan estos mismos datos en su distribución vertical.

• CERÁMICA

Se obtuvieron 118 restos cerámicos, con un muy alto porcentaje de fragmentos toscos (n=89, 75,42%) (ver Tabla 2)[28]. Otro dato relevante en nuestros estudios fue la ausencia de fragmentos que puedan ser asignados confiablemente a alguna de las variedades del Santamariano[29].

En cuanto a la relación entre tamaño de los fragmentos con respecto a la UE en la que fueran hallados hemos obtenido los porcentajes que se pueden observar en la Tabla 3.

En la siguiente Tabla (4) se puede observar que el mayor porcentaje de hallazgos no parecen estar en posición primaria en UE2, aunque en UE3 hay un incremento de materiales en posición horizontal, observándose varios en posición inclinada, registrando solo unos pocos en posición vertical.

Las tareas de remontaje permitieron ensamblar 36 fragmentos del total de la muestra (ver Tabla 5)[30]. Corresponden principalmente a materiales toscos.

Por otra parte, en esta muestra hemos registrado 6 bordes, 3 toscos (de piezas diferentes), una de FNR (muy pequeña y erosionada) y un borde (tamaño mediano y erosionado) que corresponde a un plato pato y 3 indeterminados (2 pertenecen a una misma pieza). Se recuperó un asa reconstruida parcialmente (4 fragmentos). No se registraron bases de piezas cerámicas (Tabla 6).

En cuanto a los fragmentos decorados recuperados, todos corresponden a tipos de momentos tardíos de ocupación del valle (ver Tabla 2). Si bien la variabilidad es relativamente baja, se distinguen tipos que se asocian a los momentos de expansión inkaica en el NOA.

De esa muestra, debemos resaltar los materiales de tipo FNG. En particular podemos destacar el hallazgo de un tortero de tamaño pequeño y con forma cónica. En su superficie se representó, por incisión, los clásicos motivos de este tipo cerámico. Fue hallado en la UE3, a unos 0,17

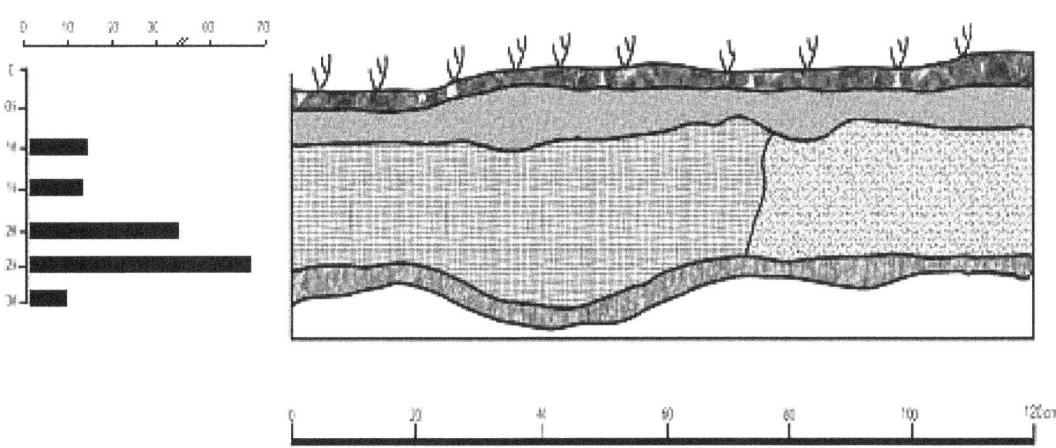

Gráfico 2

| Unidad Estratigráfica | Posición por UE | | | | | | |
|---|---|---|---|---|---|---|---|
| | inclinado | porcentaje | horizontal | porcentaje | vertical | porcentaje | |
| UE0 | - | - | - | - | - | - | - |
| UE1 | - | - | - | - | - | - | - |
| UE2 | 11 | 64,70 % | 6 | 35,30 % | - | - | 17 |
| UE3 | 18 | 38,30 % | 26 | 55,32 % | 3 | 6,38 % | 47 |
| UE4 | - | - | 1 | 100 % | - | - | 1 |
| UE5 | 21 | 42,86 % | 27 | 55,10 % | 1 | 2,04 % | 49 |
| UE6 | - | - | 2 | 50 % | 2 | 50 % | 4 |
| Totales | 50 | 42,37 % | 62 | 52,54 % | 6 | 5,08 % | 118 |

Tabla 4

| Fragmentos que remontan por Unidad Estratigráfica | | | | | | | | | | | | | |
|---|---|---|---|---|---|---|---|---|---|---|---|---|---|
| UE0 | | UE1 | | UE2 | | UE3 | | UE4 | | UE5 | | UE6 | |
| E.E | Z. | E.E. | Z. | E.E. | Z. | E.E. | Z. | E.E. | Z. | E.E. | Z. | E.E. | Z. |
| - | - | - | - | tosco (1) | FNG (1) | Indet (5) FNG (4) tosco (3) | - | - | - | tosco (18) Indet. (3) | tosco (1) | - | - |

Tabla 5

| Unidad Estratigráfica | Fragmentos diagnósticos por UE | |
|---|---|---|
| | bordes | asas |
| UE0 | - | - |
| UE1 | - | - |
| UE2 | 1 | - |
| UE3 | 4 | 1 |
| UE4 | - | - |
| UE5 | 5 | - |
| UE6 | - | - |
| Totales | 10 | 1 |

Tabla 6

mts. de profundidad, específicamente en el cuadrante Noroeste de la cuadricula, cercano a la pared (Fotografía E5.4).

El resto de los fragmentos de este tipo remontan, aunque no se pudo comprobar si pertenecen a una misma pieza (ver fotografía E5.5).

En un caso se trata de una porción de una escudilla (0,09 mts. de alto y un espesor de pared de 5 mm), que no muestra las características guardas incisas (ver fotografía E5.6).

La cerámica inkaica se encontró escasamente representada (n=1). Se trata de un pequeño borde de plato pato, en regular estado de conservación.

*VI. Metodología*

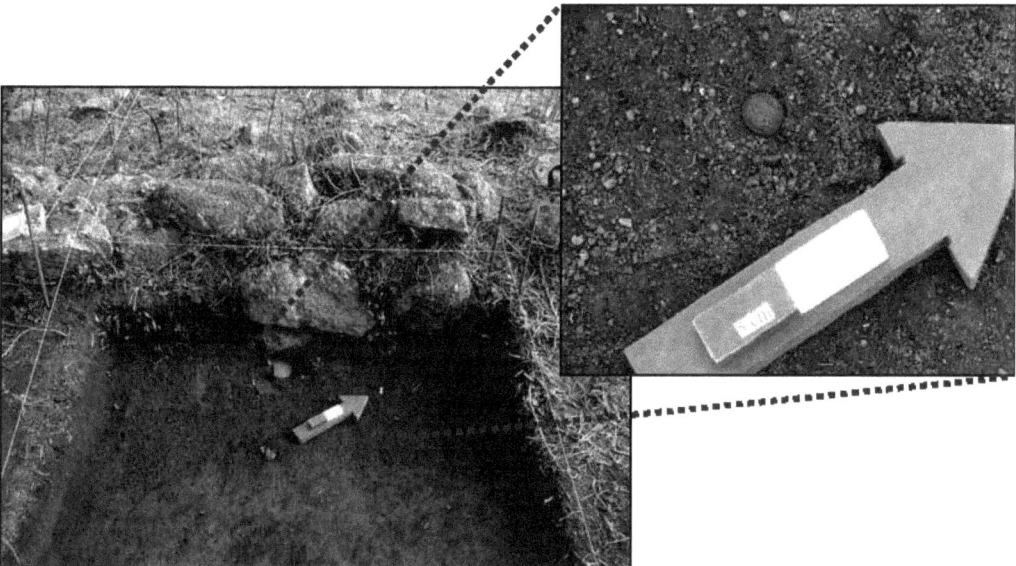

Fotografía E5.3 y 4. Vista desde el SE, se señala la localización del tortero referido en el texto. La ampliación muestra al hallazgo in situ.

Fotografía E5.5

Los fragmentos de FNR (n=4) presentan un buen estado de conservación, pudiéndose apreciar en sus superficies externas diseños en negro. Un fragmento de tamaño mediano aún conserva parte de diseños de «dedos» (que corresponden a las clásicas «manos» del FNR). Otro de los fragmentos de FNR se distingue del resto de esta muestra por la aplicación de un engobe de tonalidad marrón oscuro en sus superficies interna y externa (ver fotografía E5.7; ver también fotografía VII.35, en Capitulo VII), en ambas superficies se conservan diseños en negro.

Por otra parte, los fragmentos toscos representaron la mayor proporción (n=89; 75,42%). Los fragmentos chicos y medianos presentaron valores altos (43,82% y 51,69% respectivamente), siendo muy escasos los fragmentos grandes (4,49%)[31].

Hemos reconocido 4 bordes (de piezas diferentes). Uno se distingue por su gran tamaño, es de borde evertido, conserva parte del cuello y cuerpo, presenta en superficie externa tratamiento por peinado (ver fotografía E5.8).

Fotografía E5.6

Finalmente, sobre la base de estos últimos datos, hemos inferido el número mínimo de piezas (NMP) que se puede observar en la Tabla 7

• ARQUITECTURA

Esta excavación se realizó hacia el Centro-Oeste de E5, adyacente a una porción de la pared Noroeste. Como ya fuera mencionado, esta pared, junto a las localizadas hacia el Norte y Sur, son las que presentan una mejor visibilidad (ver fotografías E5.9 y 10).

Algunas de las piedras de estas paredes fueron registradas en superficie, localizadas hacia el interior y exterior del recinto, producto seguramente de derrumbe post-ocupacional. Debo recordar, que piedras de estas

Fotografía E5.7

Fotografía E5.8

estructuras fueron retiradas tiempo atrás para la construcción de los corrales actuales.

Una vez finalizada esta excavación quedó al descubierto parte de la pared Noroeste. Como se puede apreciar en la fotografía E5.11, la base de esta pared no alcanzó una gran profundidad, aproximadamente 0,22 mts, unos pocos centímetros por arriba de la roca madre.

En este recinto las paredes fueron elaboradas por piedras de diferente tamaño (preferentemente pequeñas y medianas) colocadas una encima por encima de otras. A diferencia de lo observado en otros sondeos (ver E18 y E9), no registramos aquí la utilización de piedras colocadas verticalmente con sus caras planas hacia el interior del recinto.

• SINTESIS

Nuestras excavaciones en E5 dieron cuenta de estratos arqueológicamente fértiles de una reducida potencia. Sin embargo, UE3 y UE5 son claramente los más fértiles en cuanto a hallazgos arqueológicos. Estos son mayoritariamente cerámicos, aunque hay que remarcar el hallazgo de metal.

Otra de las particularidades registradas en este sondeo es que fue el único que presentó un suelo que se presentó lo suficientemente consolidado, de manera que pudimos interpretarlo como piso de ocupación (UE4). Por otra parte, como ya fuera mencionado, la forma de UE4 dentro de la cuadricula resultó bastante particular (ver fotografía E5.12).

Esta UE ocupó gran parte del cuadrante Este de la cuadricula, cortándose abruptamente hacia el Centro, dejando vacío (?) gran parte del cuadrante Oeste. La excavación en este espacio, desde el corte de UE4, no aportó abundantes hallazgos, tampoco se registraron evidencias de fogones u otro tipo de indicios que nos permita plantear algún tipo de hipótesis acerca de los motivos de su elaboración u organización con una funcionalidad específica.

Mencionamos también que la base de la pared puesta al descubierto en excavación se localizó a una profundidad de ~0,22 mts, precisamente dentro de los niveles de mayor concentración de materiales.

Por otra parte, en E5 se obtuvieron restos materiales bastantes particulares. Me refiero al tortero y a la laminilla

| Tipo | Forma | Función |
|---|---|---|
| Tosca | olla | cocción de alimentos |
| Tosca | olla | cocción de alimentos |
| FNR. | olla globular | (?) |
| Indet | puco | Servido y consumo de alimentos |

Tabla 7

*VI. Metodología*

Fotografía E5.9. Vista desde el NO, las líneas punteadas en blanco señalan las paredes Noroeste (a la derecha) y Noreste (izquierda) de E5.

Fotografía E5.10. Vista desde el SO, las líneas punteadas en blanco señalan las paredes Sur (a la derecha) y Noroeste (izquierda) de E5.

Fotografía E5.11. Vista desde el Este, en primer plano se observa la porción de la pared NO que fuera puesto al descubierto.

Fotografía E5.12. Vista desde el Sureste. La línea punteada en blanco señala el fin de la UE4. Nótese el espacio intermedio vacío (?) entre esta UE y la pared.

de bronce. El tortero es el único elemento de este tipo recuperado hasta ahora en el sitio. En cuanto al objeto metálico, esta laminilla se suma a la muestra que ya tuvimos la oportunidad de recuperar en tareas de recolección superficial, pero su importancia radica principalmente en que esta vez puede ser contextualizada en excavación.

Los fragmentos decorados recuperados, aunque escasos, corresponden en su totalidad a momentos tardíos (Inka, FNR y FNG). Sin duda, un dato notable en este sentido fue la falta de materiales asignados al Santamariano[32]. Los fragmentos decorados comienzan a aparecer desde los niveles más profundos de excavación, lo que en definitiva llevaría la cronología de ocupación a momentos inkas.

Para cerrar este apartado, a juzgar por el tipo de materiales hallados, me refiero a la abundancia de fragmentos toscos (muchos de ellos con evidencia de exposición directa al fuego), el tortero y cierta cantidad de desechos de talla lítica, nos permiten sostener confiablemente un uso de este espacio relacionado a actividades de tipo domésticas.

**Notas**

[1] Nombre derivado de una piedra granítica, de gran tamaño, que presenta dos morteros unidos, de modo que a simple vista parece conformar un pie humano.

[2] Hacia el Norte del sitio, se reutilizaron piedras de las estructuras arqueológicas para la construcción de un puesto y corrales (Patané Aráoz 2007).

[3] Identificamos en la Tabla VII.1 como «Indet.» (Indeterminados) a aquellos fragmentos que presentan un alto grado de alteración postdepositacional o reducido tamaño, por lo que no pueden ser confiablemente atribuidos a algún tipo cerámico. Las siglas «SMB» corresponde a Santamariano Bicolor, «FNR» a Famablasto Negro s/Rojo, «FNG» a Famabalasto Negro Grabado, «SM N/R» a Santamariano Negro s/Rojo y «SMT» a Santamariano Tricolor.

[4] Análisis preliminares realizados en fragmentos diagnósticos de la cerámica utilitaria (bordes, bases) permitieron distinguir cierta variedad estilística y formal.

[5] En términos generales nuestra muestra se asemeja a la registrada anteriormente por Santillán de Andrés, «En el suelo aflora gran cantidad de fragmentos de alfarería, algunos de los cuales pertenecen al tipo de urnas Santamarianas, otras al tipo Belén y algunas alfarerías toscas sin caracteres especiales» (Santillán de Andrés 1951: 23).

[6] Esta forma corresponde a la categoría 13 en la clasificación de Meyers (1975) [Shallow plate/bowl] y a la Forma G de Rowe (1944) [Pucu]. Se los relaciona con el uso cotidiano para consumo individual de alimentos.

[7] Este tipo de material ha sido registrado en otros asentamientos inkas en el NOA, con decoración de llamas estilizadas, asociada a diseños cuzqueños u otros del NOA (Gentile 1991). Pero siempre en proporciones muy bajas.

[8] Podemos referir sobre estos elementos, «.... a fines descriptivos, los tumi pueden considerarse piezas formadas por dos elementos, una hoja y un mango. Una de sus características definitorias es que el mango se dispone perpendicular a la hoja, uniéndose en su sector central. La hoja suele presentar una forma semilunar, aunque también se conocen algunas de forma elíptica, rectangular o

trapezoidal. El borde opuesto al de la unión con el mango, por lo general se encuentra afilado» (L. González et al. 1998-9:210).

[9] Para las tareas realizadas en el campo se contó con la valiosa colaboración de profesionales y alumnos avanzados de la Universidad Nacional de Tucumán (Srtas. Cecilia Castellanos, Soledad Ibáñez, Ana Leiva, Alejandra Perea Bianchetti; Universidad Nacional de Catamarca (Sr. Leonardo Esteban Torre Faryluk), y Universidad Nacional de La Plata (Lic. Marco Giovanetti).

[10] Este procedimiento fue realizado en cada uno de los sondeos realizados.

[11] En el Gráfico 2 se representan las bocas de las cuevas de tucu-tucu (hacia la izquierda entre el límite de UE1 y UE2).

[12] Ya mencioné anteriormente que la presencia de estos roedores cavadores en el sitio fue registrada en otras tareas de campo, ya sea por numerosos «montículos» o «conos» visibles en superficie, formados al excavar la tierra, o bien por su señal sonora característica (Patané Aráoz, 2007). Estos «montículos» fueron detectados en casi todos los sectores del sitio, pero principalmente en los sectores más bajos del sitio (Ss-5 y Ss-6). También se registró que preferentemente los meses de mayor actividad son aquellos de mayor temperatura y humedad (primavera y verano). Por lo que los resultados que obtuvimos en esta excavación enriquecen y complementan aquellos primeros resultados. Particularmente porque este trabajo nos ofrece la posibilidad de analizar cuali-cuantitativamente sus efectos en subsuperficie.

[13] De esta muestra 4 fragmentos no pudieron ser determinados, ya sea por lo pequeño de sus tamaños y/o el grado de erosión (7,41%).

[14] Si bien se mencionó que se registraron fragmentos diagnósticos (particularmente bordes), nos resultó muy difícil poder determinar a que tipo de pieza (forma) corresponde en razón de lo reducido de sus tamaños. Por lo tanto adopto una posición conservadora, determinando formas cerámicas a las que nos brindan un alto grado de confiabilidad. Igual criterio se aplicará para los demás análisis del resto de los sondeos.

[15] Esta punta de proyectil es la única obtenida en el sitio. En tareas de recolección superficial, como ya fuera mencionado, se hallaron numerosos desechos de talla y núcleos en obsidiana (ver fotografía s VII.15 a 17, Capitulo VII)

[16] Como parte de esta readecuación de trabajo, se consideró que esta excavación fuera un sondeo, dejando la posibilidad al grupo de trabajo de contar con el tiempo suficiente para realizar una similar tarea en otra estructura.

[17] Estos fueron recolectados de manera minuciosa, a fines de ser analizados en laboratorio.

[18] El perfil corresponde al cuadrante Oeste de la cuadricula.

[19] Se recuperaron en zaranda dos fragmentos más de este tipo, son de tamaño muy pequeño, remontan entre ellos pero se encuentran en mal estado de conservación. No han sido incluidos en los gráficos y tablas de referencias por no haber podido ser registrados espacialmente, aunque si están referidos por UE.

[20] Del total de la muestra, dos fragmentos por su pequeño tamaño y alto grado de erosión no han podido ser identificados.

[21] Estos fragmentos son los únicos en toda la muestra que presentaron inclusiones blancas.

[22] Por lo recto del fragmento podría llegar a corresponder a un puco, o bien a un kero (Dr. José Togo, com. pers., 2007).

[23] Kriscautzky (1999) reconoció piezas de similar morfología en sus excavaciones en Fuerte Quemado (Valle de Santa Maria, Prov. de Catamarca). Según su clasificación estas piezas corresponden a tipos Santamarianos-Inka.

[24] En tareas de zaranda recuperamos cinco elementos líticos más y un resto óseo (ver más adelante). Estos no fueron consignados en los valores porcentuales referidos en la Tabla 1 ya que carecemos de datos específicos sobre su localización espacial y profundidad de hallazgo, aunque si fueron discriminados por UE.

[25] Según nos comentaran los puesteros, de este sector se retiraron, tiempo atrás, piedras de las estructuras arqueológicas para la confección de las paredes de los corrales. En determinados sectores (p.e. la pared Sudeste) no presenta buena visibilidad por acumulación de sedimento.

[26] Corresponde a una pequeña «laminilla» de bronce, similar a una hallada anteriormente en recolección superficial. Este fragmento metálico, al igual que los materiales líticos recuperados en este sondeo, se encuentra actualmente bajo estudio, por lo que en futuros trabajos serán brindados más detalles sobre este hallazgo.

[27] En este caso la denominación «otros» fue asignada a pequeñas muestras de carbón, recuperadas en las UE2 y UE3.

[28] 17 (14,40%) fragmentos no pudieron ser determinados por su tamaño reducido y/o por presentar un alto grado de erosión.

[29] Dos fragmentos de la muestra, muy pequeños y erosionados, presentan restos de pintura blanca. Dadas estas condiciones mantengo una postura conservadora clasificándolos como «indeterminados».

[30] Las siglas consignadas en la tabla 5 corresponden a E.E. (en estratigrafía) y Z. (zaranda).

[31] Aproximadamente la mitad de esta muestra presentó restos de hollín / ahumado (49,44%).

[32] Aunque ya he aclarado que una probable explicación de esta ausencia pueda deberse, en cierta medida, al grado de erosión que presentan los fragmentos, lo que dificulta su identificación.

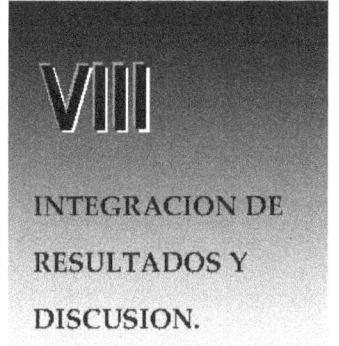

# VIII
## INTEGRACION DE RESULTADOS Y DISCUSION.

A partir de aquí mi intención es efectuar un análisis, a modo de punto de integración, tomando en consideración los resultados generales alcanzados en esta investigación.

El análisis conjunto de los resultados obtenidos por excavación nos ofrece la posibilidad de rescatar, al menos, dos aspectos sobresalientes para los objetivos de estudio planteados.

En primer lugar, la potencia arqueológica de los diversos sondeos se manifestó homogénea. La media de profundidad alcanzada en cada sondeo se mantuvo constante, alrededor de los 0,50 mts[1]. Hemos visto que, salvo el caso de E5, en el resto de los sondeos no se percibió la existencia de depósitos sedimentarios muy diferenciados, solo una transición gradacional mínima en cuanto a textura, color, composición y compactación del sedimento.

En este contexto, el comportamiento de los hallazgos en la matriz sedimentaria de cada sondeo, en términos de densidad y distribución, presentó cierta homogeneidad. Las densidades de hallazgos se manifestaron constantes en cada excavación con registros de mayores densidades a partir de los 0,20 a 0,40 mts de profundidad. En términos cuantitativos, allí se recuperaron 314 hallazgos sobre un total de 406, lo que representa un 77,34%, un dato por demás concreto.

Asimismo, en nuestros análisis de cada uno de los sondeo no registramos momentos de depositación cultural separados por sedimento estéril que nos indiquen diferentes eventos culturales o, en este mismo sentido, cambios sustanciales en la composición de los materiales (p.e. ausencia de otros tipos cerámicos con implicancias cronológicas [Formativo/Hispano-Indígena].

En el siguiente gráfico se presentan los resultados totales (cantidad y porcentaje) de hallazgos obtenidos en excavación (Gráfico VIII.1).

Resaltamos el claro predominio del material cerámico, con porcentajes análogos a los obtenidos en estudios previos efectuados a los fines de evaluar los procesos de formación de sitio[2].

Nuestro análisis contempló también el cotejo de la composición artefactual de los sondeos realizados. En la muestra cerámica, se buscó principalmente determinar relaciones y/o asociaciones de los tipos cerámicos, como así también establecer el número mínimo de piezas

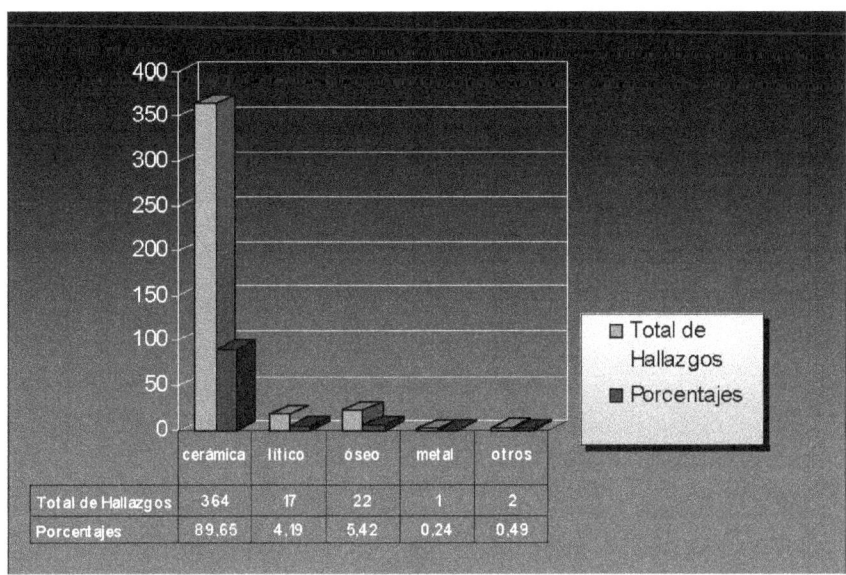

Gráfico VIII.1

presentes, a fin de evaluar posibles cambios o continuidades en la secuencia estratigráfica.

La muestra cerámica total recuperada fue numerosa (n=364, 89,65%), siendo la media por sondeo de 73 fragmentos cerámicos[3].

Los fragmentos toscos han sido los de mayor representatividad, manteniendo por lo general valores porcentuales muy superiores a los decorados (excepto E18, ver Gráfico VIII.2). Del total de la muestra, este tipo constituye un 68,13% (ver Gráfico VIII.3).

Los fragmentos decorados dieron cuenta de asociaciones mayormente recurrentes en todos los sondeos, manifestando una alta diversidad de tipos presentes (Tabla VIII.1).

Si bien estos resultados presentan, en términos generales, cierta relación con los registrados en las recolecciones superficiales (ver Capitulo VII), considero importante aportar también otros datos que merecen particular atención y deben destacarse.

a) En primer lugar, la alta frecuencia de materiales asignados al tardío local (Santamariano en sus variantes) en un sitio que consideramos de momentos inkaicos. Según resultados de estudios en curso, esta alfarería no manifiesta cambios estilísticos y morfológicos de relevancia[4].

b) Si bien en las recolecciones superficiales los fragmentos asignables a Belén son bastante representativos, en excavación solo aparecieron en E18.

c) En relación inversa a la anterior, los fragmentos asignados al FNG son representativos en excavación, más relativamente escasos en las recolecciones efectuadas en superficie.

d) En estratigrafía apareció un fragmento Yocavil-Averías, el único registrado hasta ahora en el sitio (y en el valle).

e) Particularmente intrigante es, (a) que el estilo FNs/R apareciera registrado en todos los sondeos, (c) su alta frecuencia en el total de la muestra, en relación inversa a lo registrado en las recolecciones superficiales (ver Capítulo VII).

f) La cerámica de tipo inkaico apareció en cuatro de los cinco sondeos. La muestra recuperada en el sitio, tanto en

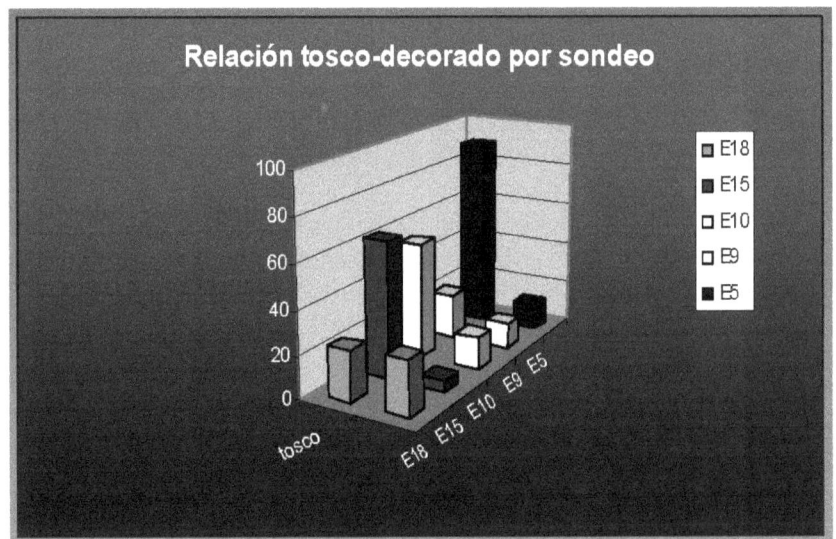

Gráfico VIII.2

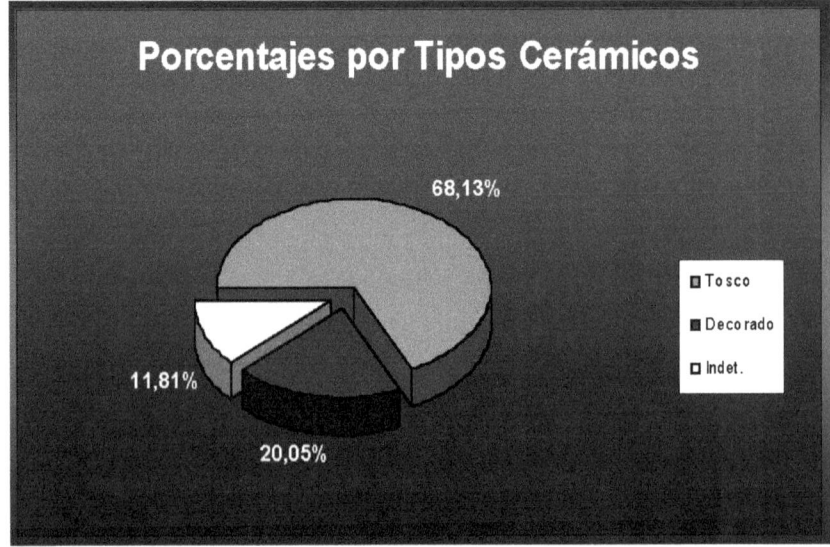

Gráfico VIII.3

| Tipo cerámico | Cantidad | Porcentaje | Fragmentos que remontan |
|---|---|---|---|
| FNs/R | 20 | 26,31% | 10 |
| FNG | 14 | 18,42 % | 5 |
| Inka | 12 | 15,79 % | 2 |
| SMB | 10 | 13,16 % | 2 |
| SM Ns/R | 8 | 10,53 % | 2 |
| SMT | 6 | 7,89 % | - |
| Belén | 5 | 6,58 % | - |
| Yocavil | 1 | 1,32 % | - |
| Totales | 76 | 100 % | |

Tabla VIII.1

recolección superficial como en estratigrafía, es significativa en cuanto a número y diversidad.

Por otra parte, estudios tecnológicos realizados en fragmentos cerámicos recuperados en este sitio también aportaron datos que merecen ser considerados. Me refiero concretamente a dos esferas de interés relacionadas con, (a) continuidades en las prácticas de manufactura y (b) circulación de bienes.

En primer lugar, análisis a nivel microscópico (cortes delgados) en fragmentos atribuidos a una forma clásica del conjunto alfarero inkaico, los «platos pato», identificaron la presencia de microtiestos en la composición de las pastas[5] (Páez y Patané Aráoz 2007).

Este rasgo tecnológico está presente en la alfarería Santamariana de momentos tardíos en valle de Tafí (Páez 2005, Páez et al. 2005). Otro dato relevante obtenido en esos trabajos fue que la presencia de microtiestos en la pasta no se presenta junto a inclusiones piroclásticas en los cortes analizados. Estas últimas fueron identificadas en alfarería de sitios inkaicos de la provincia de Catamarca (Cremonte 1994).

La presencia de estas inclusiones blanquecinas en la pasta de algunos fragmentos cerámicos del sitio se presenta como un segundo elemento de consideración. En el valle fue registrada en fragmentos cerámicos relacionados a los momentos de expansión imperial (Páez et al. 2007).

En este sentido, identificamos un conjunto de fragmentos que, con un tratamiento de superficie que responde a las características de la alfarería Santamariana (bi y tricolor), Belén e Inka, presentan una pasta que se distingue macroscópicamente por una alta densidad de inclusiones blanquecinas, pequeñas y redondeadas[6]. Pastas con este tipo de apariencia fueron referidas para alfarería de sitios inkaicos como Potrero Chaquiago e Ingenio del Arenal Médanos, ambos sitios localizados en la Prov. de Catamarca y otros del Norte del Valle Calchaquí (Williams 2003). Esto es de sumo interés para nuestros estudios, ya que este rasgo tecnológico fue atribuido al producto de manufactura por parte de mitmaqkunas altiplánicos (Cremonte 1994).

Estudios realizados por miembros de nuestro proyecto permitieron comenzar a caracterizar este tipo de rasgo tecnológico. Estudios microscópicos sugieren que se trataría de rocas piroclásticas. En ninguno de los casos analizados su presencia se circunscribe a una morfología específica, sustentando la hipótesis de su agregado con intencionalidad no estrictamente funcional. Estos investigadores han recalcado que la ausencia de esta materia prima en la geología local nos plantea interrogantes acerca de la circulación de bienes alfareros, poblaciones o materias primas durante estos momentos del desarrollo histórico del Valle (Páez et al. 2007).

Finalmente, la integración de información generada hasta el momento nos permite sugerir que en el sitio hubo un solo momento de construcción-uso del mismo[7]. Vinculamos este momento de ocupación, basados en el análisis de presencia y asociación en estratigrafía de los estilos cerámicos, a tiempos de dominio inkaico.

Las superficies excavadas en cada estructura no nos habilitan a realizar generalizaciones sobre la distribución de actividades y totalidad de los eventos sociales en cada una de ellas, aunque registramos que los elementos recuperados, por lo general, confirman la realización de múltiples actividades vinculadas a la vida doméstica. Me refiero a la preparación, almacenamiento, servido y consumo de alimentos, talla lítica, hilado y tejido.

Por otra parte, nuestros registros no dieron cuenta de la posibilidad de un abandono violento del sitio, en excavación no se hallaron restos de techos quemados o evidencias de intención humana en el desmoronamiento de las paredes. Por el contrario, estas se conservan en buen estado siendo que las piedras registradas dentro de las estructuras serían el resultado natural del decaimiento constructivo post-abandono.

**Notas**

[1] Recordemos que la mayor profundidad registrada en E10 se debió al hallazgo de una vasija «enterrada» en un estrato subyacente, estéril.

[2] En aquella oportunidad, sobre un total de 2296 hallazgos, 2247 fueron fragmentos cerámicos (97,86%), 39 elementos líticos (1,70%), 8 restos óseos (0,35 %) y 2 elementos metálicos (0,09 %) (ver Patané Aráoz 2007).

[3] Recuerdo que la muestra presentó cierto tipo de inconvenientes debido principalmente a importantes evidencias de alteración postdepositacional.

[4] Debemos destacar el hallazgo de materiales Santamarianos Tricolor. Si bien fue reconocido en un solo sondeo (E15), al igual que en recolecciones superficiales, su presencia en contextos tan tardíos agrega más inquietudes a nuestro registro.

[5] Sobre un total de 16 cortes realizados, estuvieron presentes en el 56,25%.

[6] En el valle de Tafí estas inclusiones fueron identificadas en un asentamiento al pie de las Cumbres Calchaquíes. El sitiolo identificamos como LC Z IX (1) (Manasse 2003).

[7] Pero ciertamente un espacio construido en clara asociación con otros sitios en cercanía espacial y con los registrados en la parte baja (Manasse 2002a, 2003).

# IX CONCLUSIONES

A través de la aplicación de diferentes estrategias de análisis, fue objetivo de esta investigación comenzar a reconstruir la «historia» del Pukara de las Lomas Verdes.

Mi investigación estuvo orientada, en primer lugar, hacia alcanzar una caracterización del asentamiento, como también de los materiales recuperados en recolecciones superficiales y en excavación.

Habiendo tomado en consideración los resultados de nuestra primera etapa de análisis en el sitio, nos llamó la atención una aparente «mezcla» en superficie de estilos tardíos (arquitectura y estilos cerámicos [SM y FNG])[1], en adición con tipos de momentos de expansión inkaico (Belén, FNR, Inka en alguna de sus variantes).

A partir del análisis de estos últimos datos, es que comencé a formular una serie de interrogantes con la intención de profundizar el estudio de este sitio (ver Capitulo VII).

De esa manera abordé el análisis de las características que pudieron derivarse de la «naturaleza del encuentro-interacción» entre «lo inka» y «lo local», específicamente en este sitio. Estudios recientes realizados en regiones cercanas al valle de Tafí relacionados a esta problemática (Valle Calchaquí [Gifford 2003] y Valle de Santa Maria [González y Tarragó 2004]), constituyeron un respaldo para encarar este tipo de estudio.

Al comenzar a delinear esta investigación, y desde un marco general, destaqué que todo intento explicativo sobre las políticas implementadas durante la expansión inkaica en sus provincias, desafía todo esquema rígido y generalizador, tanto como una visión homogénea de imperialismo-colonialismo.

Posicionado desde esa perspectiva, sostuve que mi análisis requería ineludiblemente de un enfoque que considere, (a) que la conquista-influencia inkaica en el valle de Tafí no puede ser entendida acabadamente sin tener en cuenta la historia previa del valle, (b) que el análisis sobre reorganización y estructuración social a nivel local no puede ser abordado sin tener en cuenta el proceso de imperialismo de la que fue parte, (c) que aquellas derivaciones que se desprenden de una conquista imperial pueden inducir a los grupos conquistados a reorganizar-reorientar divergente o situacionalmente su sentido de partencia étnica, tanto como en estimular un enfrentamiento de este reto, de forma colectiva. En este sentido, las prácticas que definen una «identidad» tienen el potencial de ser redefinidas-reinterpretadas, particularmente como en situaciones de contacto cultural. En la que, ciertamente, la «materialidad» resultante puede poseer significados-valores dinámicos y relacionados a su contexto histórico particular.

Partiendo desde estas reflexiones, mi propósito es brindar ahora una recapitulación sobre los alcances de esta investigación.

Los resultados obtenidos en nuestros trabajos apuntan a que este sitio tuvo una sola ocupación, tal vez por un lapso relativamente corto. Muestra de ello sería la ausencia de hiatos ocupacionales en estratigrafía, la armonía y solidez «estilística» de la arquitectura y la homogeneidad registrada en la muestra cerámica.

Los análisis realizados en los materiales recuperados en el sitio nos brindaron resultados muy interesantes. Por ejemplo, el registro de materia prima lítica proveniente de lugares bastante alejados (ver Capítulo VII). De igual manera, del análisis de los conjuntos cerámicos se desprendieron también resultados muy importantes, algunos de ellos fueron revisados en el capitulo anterior.

Asimismo, dada la marcada significancia de algunos hallazgos, considero conveniente avanzar en algunas consideraciones al respecto.

La presencia de cerámica foránea o exótica (Inka Cuzqueño, Inka Pacajes, Famabalasto Negro s/Rojo, Yocavil-Averías) sería aquí una expresión de relaciones mantenidas entre este territorio y otros sectores provinciales y centrales del imperio.

En especial, merece particular consideración el hallazgo en este sitio de fragmentos atribuidos al Inka Cuzqueño e Inka Pacajes. Dato relevante, en tanto el registro de ambos estilos es poco frecuente en sitios inka, o bajo su influencia, en el NOA. Siendo reconocidos concretamente en sitios de importancia en el engranaje implementado en sus provincias[2].

De igual manera, el hallazgo de tumi en otras regiones del NOA no es particularmente frecuente. Sobre estos materiales se ha propuesto una complejidad técnica en su manufactura, asimismo que su utilización pudo tener connotaciones específicas, relacionadas a marcador de status, también como soporte material para la ideología dominante (L. González et al. 1998-9).

La circulación en las provincias de este tipo de elemento pudo ser operado a través de canales restringidos y específicos, ingresando dentro del sistema redistributivo del imperio como elementos especiales destinados a establecer y/o reforzar lazos de alianzas y lealtades con lideres locales a fin de legitimar y reproducir condiciones de dominación (Ibíd.).

De acuerdo a esto último, podemos pensar que estos materiales cerámicos y metálicos («especiales») adquirieran aquí el rol de elementos empleados en actividades de orden exclusivo, concretos (simbólicos-prestigio). Tal vez de acuerdo a prácticas estatales de carácter ceremonial o político, empleadas como generadoras de nexos con el Tawantinsuyu.

Siguiendo dentro de este contexto de análisis, fue mi interés atender también el examen del rol de la historia local como configuradora en el modelado de este encuentro. Considerando que esta interacción incluye tanto intereses y negociaciones entre todos los actores participantes.

Bien remarcó Gifford la necesidad de revertir una pregunta recurrente ¿a qué se debe el bajo-escaso registro de materiales inkaicos en una región determinada?, pregunta que considero ha desmotivado todo interés por esta temática en el valle de Tafí, hacia un objetivo de análisis más instructivo que sería ¿por qué persiste en una gran proporción el registro de lo local bajo esa misma situación? (Gifford 2003:342-3).

Efectivamente, un análisis profundo de este tipo requiere de un acabado conocimiento de la historia local previa a la llegada del inka. Los datos disponibles sobre el Tardío en el valle, publicados o bajo análisis, fueron revisados en páginas anteriores (ver Capítulos IV y V). Si bien conforman un cuerpo en (constante) construcción, considero que me permiten avanzar también en algunas consideraciones sobre el registro de cambios y/o persistencias en las prácticas locales (particularmente las registradas en este sitio) bajo esta situación de dominio.

Nuestros estudios han reconocido ciertas continuidades de prácticas locales en este sitio. Lo vimos a través de la cerámica y la arquitectura.

Análisis realizados sobre los conjuntos cerámicos pusieron de manifiesto una alta proporción de materiales asignados al tardío local en estos momentos de dominio inkaico (ver Tabla VIII.1 en Capítulo anterior). Esta particularidad fue registrada, muy sugerentemente, en todos aquellos sitios en los que se reconoció cerámica inkaica en el valle (p.e., las «depresiones cuadrangulares» de la parte baja, ver Capitulo V; ver también Tabla 1 en Capítulo IV).

Consideremos también otro dato, me refiero a que una forma característica de la alfarería inkaica (platos pato) sea manufacturada según estándares locales (utilización en la pasta de microtiestos, ver Capítulo anterior).

De igual manera, pienso que si el patrón arquitectónico local, manifestado en el sitio, fuera mantenido durante momentos de profundos cambios sociopolíticos (dominio inka en el NOA, en particular en el valle), no es este un dato menor.

En nuestros análisis de la arquitectura del sitio, tanto en excavación como en relevamientos efectuados en restos visibles en superficie, no se detectó alguno de los cánones tan propios y particulares del inka.

Si bien los resultados obtenidos nos inducen a pensar en «persistencias-continuidades» de prácticas locales en tiempos de dominio-colonización, es necesario profundizar los alcances de los resultados alcanzados hasta aquí. Pensamos encarar nuevas investigaciones en el sitio, así como ahondar en el estudio de los materiales obtenidos en el sitio. Esto nos ofrecerá, en definitiva, la posibilidad de contar con un cuerpo de datos mayor que nos acerque un poco más al conocimiento de los matices que pudieron alcanzarse a través de la articulación de las estrategias empleadas por el imperio, como también de las respuestas locales.

Por otra parte, determinar si este sitio fue «hogar» de mitimaes no es sencillo de establecer a priori. En primera instancia, todos los datos registrados señalan que este sitio fue construido-utilizado por poblaciones locales.

Sostengo esta posición basado en tres aspectos, (a) la arquitectura como el patrón del asentamiento responden a tipos registrados en el valle para momentos tardíos, (b) se reconoció en la muestra cerámica (tanto de recolecciones superficiales como de excavación) una proporción superior de tipos cerámicos Santamarianos (en sus variantes) (ver Tabla VII.1 y Gráfico VII.1, Tabla VIII.1), (c) registramos también indicios de continuidad, en algunos casos de la muestra cerámica, en las prácticas tecnológicas.

De igual modo, el sitio no presenta características de un establecimiento estatal con poblaciones movilizadas destinadas a cumplir funciones específicas como, por caso, se observa en Potrero Chaquiago (Cremonte 1994, Lorandi 1984, Williams y Lorandi 1991)[3].

Sin embargo, algunos resultados de análisis realizados en los conjuntos cerámicos merecen particular atención, (a) la relativa abundancia del estilo cerámico Famabalasto Negro s/Rojo (ver Tabla VIII.1), (b) el caso de las inclusiones blanquecinas registrada en las pastas.

Si bien podemos pensar, basados en los resultados obtenidos en este estudio, que estos materiales llegaron al sitio dentro del contexto de movilización de bienes como parte de las políticas generales implementadas, consideramos que renovados análisis aportaran datos para el interés de investigación.

Por cierto, el Pukara de las Lomas Verdes, ¿es realmente un pukara?. Tal vez si algún cronista español de las primeras épocas de la conquista hubiera tenido la oportunidad de visitarlo, no hubiera dudado en referirlo como tal.

Pero más allá de esta apreciación personal, mi intención en este trabajo no fue limitarme a continuar reproduciendo categorizaciones tipológicas. Así que no responderé con «pukara verdadero» o «pseudopukara» o «pukara latu sensu» o «sensu stricto». Mi objetivo fue dar un paso más allá, comenzar a reconstruir la «historia» de uno de ellos, conocerlo por dentro.

Deteniéndonos un poco más en esto, podemos señalar que a diferencia de otras regiones del imperio (p.e. valle de Mantaro, área Lupaca), los inkas «permitieron» aquí la continuidad del uso de un patrón de asentamiento propio de tiempos previos a su dominio.

Es importante destacar también que no recuperamos abundantes materiales «bélicos» en el sitio (solo una punta de proyectil) y, dado el mal estado de conservación de la muralla-muro que circunda el sitio, no nos habilita a determinarla como «puramente defensiva».

¿Debo por ello descartar una probable función defensiva del sitio? Como fuera explicitado en páginas anteriores, varios autores han sido claros en manifestar que, (a) la complejidad en las manifestaciones de las situaciones de conflictos en el mundo prehispánico aún son poco conocidas, (b) que la respuesta a esa pregunta no descansa necesariamente en considerar cuali-cuantitativamente la cantidad o tipo de «armamento» o «barreras» artificiales desplegadas para su defensa[4]

En un contexto general de análisis, no escapa a nuestros intereses preguntas relacionadas a, ¿por qué un pukara en el valle en estos momentos?, ¿en defensa de quién(es)?, ¿ha sido el valle de Tafí una zona fronteriza del imperio? Nos resulta un indicativo intrigante, en este sentido, que las evidencias inkaicas hacia el oriente de esta región - al menos por el momento - se desvanecen casi por completo.

Finalmente, considero que los datos obtenidos en esta investigación vienen a cumplir con las expectativas que la precedieron. Si bien parte de la historia de este sitio fue develada, los resultados obtenidos, más que considerarse un cierre en si mismo, nos abren las puertas a renovadas preguntas, algunas de ellas ya fueron expuestas.

Consideramos de sumo interés ahondar en estudios específicos que nos permitan relacionar los resultados obtenidos aquí con los alcanzados en la parte baja, también realizar nuevos estudios en sitios localizados en sectores montañosos aledaños al Pukara. La realización de similares tareas a las efectuadas aquí, en otros sitios del valle que presenten problemáticas análogas, serán de interés en la dirección propuesta.

## XI. Conclusiones

Es mi entender (mi deseo) que cada pukara debería ser analizado como una unidad independiente, aunque de ninguna manera descontextualizado de su momento particular y de sus relaciones regionales. Cada uno de ellos contiene su propia historia, sus propias particularidades.

Esta investigación ha sido pensada y realizada con ese fin.

### Notas

[1] Según estudios realizados por el equipo de Tarragó en el Sur del valle de Yocavil, el estilo alfarero Famabalasto Negro Grabado se desarrolla a partir del siglo X de nuestra era, siendo registrado en sitios de ese valle en proporciones minoritarias en relación al Santamariano. Posteriormente, habría trascendido su espacio originario como resultado de concretos intereses cuzqueños, siendo reconocido a partir de esta movilización en algunas de las instalaciones estatales (p.e., Potrero de Payogasta [Valle Calchaquí Norte], Potrero Chaquiago [Depto. Andalgalá], Shinkal [Valle de Hualfín]) (ver González y Tarragó, 2004; Palmarzuk y Manasiewicz 2001). En nuestros estudios pudimos determinar la asociación de elementos SMB y FNG junto a otros estilos relacionados a la expansión inkaica (Belén, FNs/R) en las excavaciones realizadas en una de las «depresiones cuadrangulares» localizadas en la Parte Baja (López 2001, López y Manasse 2001, ver Capitulo V y fotografías V.2 a V.4).

[2] Piezas o fragmentos correspondientes al Inka Pacajes fueron registrados en sitios del NOA como, Potrero de Payogasta, Fuerte Quemado, Pukara de Tilcara, Casa Morada de la Paya (Gentile, 1991:229), en el sector «Fuerte» de Tolombón (Wiiliams 2004:191), Punta de Balasto (González y Tarragó 2004:399), Sitio «La Puerta« en el Valle Calchaquí (Pollard 1983:25-6).

[3] Desde una perspectiva más general, en el valle de Tafí no contamos con evidencias considerables sobre poblaciones mitimaes reasentadas, salvo el registro localizado de escasos fragmentos cerámicos. La conquista inkaica parece no haber ocasionado marcados cambios en la fisonomía social del valle, es así que no se han registrado cambios en la arquitectura, cerámica u organización de asentamientos que nos remitan a la posibilidad de mitimaes.

[4] Adoptando esta posición no sostengo de forma alguna que esta fuera su única «función». Considero factible la posibilidad de realización-articulación de otras actividades de variada índole (políticas, sociales, simbólicas, espirituales) en la estructuración social del grupo que habitó este «lugar», tanto como la probabilidad de sus relaciones con sitios en áreas aledañas

# BIBLIOGRAFÍA

Abbott, M., M. Binford, M. Brenner y K. Kelts (1997). A 3500 14C yr high-resolution record of water-level changes in Lake Titicaca, Bolivia-Peru. QuaternaryResearch, 47: 169-180.

Acuto, F. (2004) Landscapes of Ideology and Inequality: Experiencing Inka domination. Tesis Doctoral Inédita. Binghampton University. New Cork.

Ambrosetti, J. (1897) Los monumentos megalíticos del Valle de Tafí (Tucumán). Boletín del Instituto Geográfico Argentino, Tomo XVIII.

Arkush, E. (2005) Colla Fortified Sites: Warfare and regional power in the Late Prehispanic Titicaca Basin, Peru. Tesis Doctoral Inédita. University of Califonia, Los Angeles.

Arkush, E. y Ch. Stanish (2005) Interpreting conflict in the Andes. Implications for the archaeology of warfare. Current Anthropology, 46 (1):4-27.

Baldini, L.(2004) Proyecto Arqueología del Valle Calchaquí Central (Salta, Argentina). Síntesis y Perspectivas. En Local,Regional, Global: Prehistoria, Protohistoria e Historia de los Valles Calchaquíes. P. Cornell y P. Stemborg (Eds.). Suecia.

Balesta, B. y N. Zarogodny (1999) la Loma de los Antiguos, Azampay (Depto. Belén, Catamarca). Actas del XII Congreso Nacional de Arqueología Argentina, Tomo III, pp:277-281. La Plata.

Bauer, B. (1992) The Development of the Inka State. University of Texas Press.

Bennett, W., E. Bleiler y F. Sommer (1948) Northwest Argentine Archaeology. Publications in Anthropology N°38. Yale University Press. New Heaven.

Berberián, E. y A. Nielsen (l988) Sistemas de asentamiento prehispánicos en el Valle de Tafí. Editorial Comechingonia. Córdoba.

Bertonio, L. (1986 [1612]). Vocabulario de la lengua Aymara. CERES, IFEA y MUSEF. La Paz, Bolivia.

Binford, M., A. Kolata, M. Brenner, J. Janusek, M. Seddon, M. Abbott y J. Curtis (1997). Climate variation and the rise and fall of an Andean civilization. Quaternary Research, 47: 235-248.

Bray, T. (2003) Inka pottery as culinary equipment: food, feasting, and gender in Imperial State design. Latin AmericanAntiquity, 14 (1):3–28.

Bruch, C. (1991) Exploración arqueológica en las provincias de Tucumán y Catamarca. Biblioteca Centenaria. Tomo V.Universidad Nacional de La Plata.

Burke, R., J. Campelo, J. Fernandez, E. Gilardenghi. (2007)Tempranos y Tardíos: Posibles relaciones espaciales y cronológicas dentro del sitio Barrio MalvinasArgentinas, Tafí del Valle – Tucumán. MS.

Calderari, M. y V. Williams (1991) Re-evaluación de los estilos cerámicos incaicos en el noroeste argentino. En: El imperio inka: actualización y perspectivas por registros arqueológicos y etnohistóricos. Comechingonia Año N° 9 Nro.Especial pp. 73 – 95. Córdoba.

Callegari, A. (2004) Las poblaciones precolombinas que habitaron el sector central del valle de Vinchina entre el 900/950 y1600/1650 d.C. (Dto. General Lamadrid, La Rioja, Argentina). Relaciones de la SAA, XXIX:81-110. BuenosAires.

Callegari, A. y M. Raviña(1991) Un caso de reocupación inka de un sitio arqueológico en el valle de Vinchina (Depto. Gral. Lamadrid,Pcia. de la Rioja). Comechingonia, 4:149-164. Córdoba.

Cigliano, E. y R. Raffino (1973) Tastil: Un modelo cultural de adaptación, funcionamiento y desarrollo de una sociedad urbana prehistórica. Relaciones de la SAA (N.S.), T. VII. Buenos Aires (1975) Arqueología en la vertiente occidental del valle Calchaquí medio. Relaciones de la SAA, IX:47-58

Cobo, B. (1964 [1653]) Historia del Nuevo Mundo. Biblioteca de Autores Españoles, Tomo XCII. Madrid.

Conrad, G. y A. Demarest (1984) Religión and Empire: The Dynamics of Aztec and Inca Expansionism. New Studies in Archaeology. Cambridge Univeristy Press. Cambridge.

Cornell, P. y F. Fahlander (2007) Encounters-Materialities-Confrontations: An introduction. En Encounters É Materialities É Confrontations:Archaeologies of Social Spaces and Interaction. P. Cornell y F. Fahlander (Eds.). Cambridge Scholars Press.

Cornell, P. y H. Galle (2004) El fenómeno Inka y su articulación local. Reflexiones desde el sitio de El Pichao, Valle de Santa María (Tucumán). En Local, Regional, Global: Prehistoria, Protohistoria e Historia de los Valles Calchaquíes. P.Cornell y P. Stemborg (Eds.). Suecia.

Cornell, P. y P. Stenborg (2004) Local, Regional, Global: Introducción. En Local, Regional, Global: Prehistoria, Protohistoria e Historia delos Valles Calchaquíes. P. Cornell y P. Stemborg (Eds.). Suecia.

Cremonte, B. (1991) Caracterizaciones composicionales de pastas cerámicas de los sitios Potrero-Chaquiago e Ingenio delArenal Médanos. Shincal 3, Tomo I : 33 – 47. Escuela de Arqueología, Universidad Nacional de Catamarca. (1994) Las pastas cerámicas de Potrero Chaquiago (Catamarca). Producción y movilidad social. ArqueologíaN°4:133-163. ICA-FFyL:UBA. Buenos Aires.

Cusik, J. (Ed.)(1998) Studies in Culture Contact: Interaction, Culture Change, and Archaeology. Carbondale, Illinois. Centerfor Archaeological Investigations.

D'Altroy, T. (1987) Transition in Power. Centralization of Wanka Political Organization under Inka Rule. Etnohistory, 34:78-102.

(1992) Provincial Power in the Inka Empire. Smithsonian Institution Press. Washington. (2002) Los Incas. Editorial Ariel. España.

D'Altroy, T., A. Lorandi, V. Williams, M. Calderari, C. Harstof, E. DeMarrais y M. Hagstrum (2000) Inka rule in the Northern Calchaqui Valley, Argentina. Journal of Field Archaeology, 27:1-26.
D'Altroy, T. y K. Schreiber (2004) Andean Empires. En H. Silverman (ed.). Andean Archaeology. Blackwell Publishing.

DeMarrais, E., L. Castillo y T. Earle (1996) Ideology, materilization, and power strategies. Current Anthropology, 37:15-31.

Esparrica, M. (2001) Nuevas evidencias arqueológicas acerca de la tradición Santamariana en el piedemonte septentrional de la provincia de Tucumán. Actas del XIII Congreso Nacional de Arqueología Argentina. Tomo I:211-222.Córdoba. (2004) Estado actual de las investigaciones arqueológicas en el área de la comuna de San Pedro de Colalao, Tucumán, Argentina. En Local, Regional, Global: Prehistoria, Protohistoria e Historia de los VallesCalchaquíes. P. Cornell y P. Stemborg (Eds.). Suecia.

Figueroa, A. y F. Hayashida (2004) Sitios amurallados en la Costa Norte: Nota preliminar sobe Cerro Arena, Pampa de Chaparri,Lambayeque. Boletín de Antropología PUCP, 8:359-371. Perú.

Garralla, S. (1999) Análisis polínico de una secuencia sedimentaria en el Abra de El Infiernillo, Tucumán, Argentina. Actas resúmenes Primer Congreso Argentino de Cuaternario y Geomorfología. La Pampa.

García Salemi, M. (1993) Ordenamiento territorial en la cultura Tafí, provincia de Tucumán, Republica Argentina. Revista C.E.R.S., Tomo X (1/2), pp:15-21.

Gasparini, G. y L. Margolies (1980) Inca Architecture. Indiana University Press. Bloomington.

Gentile, M. (1991) Correspondencias etnohistóricas de dos estilos alfareros prehispánicos puneños: Evidencias, hipótesisy perspectivas En: El imperio inka: actualización y perspectivas por registros arqueológicos y etnohistóricos.Comechingonia Año N° 9 Nro. Especial pp:217-243. Córdoba. (1991-92) La conquista incaica de la puna de Jujuy. Notas a la crónica de Juan de Betanzos. Xama, 4-5:91-
106. Mendoza.

Ghezzi, I. (2004) Chankillo and the nature of Andean warfare. Ponencia presentada en el Midwest Andeanist Conference, Urbana-Champaign. USA.

Gifford, Ch. (2003) Local Matters: Encountering the Imperial Inkas in the South Andes. Tesis Doctoral Inédita. Columbia University. New York.

Gil García, F. (2005) Batallas del pasado en tiempo presente. «Guerra antigua», civilización y pensamiento local en Lipez (depto. de Potosí, Bolivia). Bulletin de l'institut Français d'Etudes Andines, 34 (2):197-220.

González, A. R.(1980) Patrones de asentamiento incaico en una provincia marginal del Imperio. Relaciones de la SAA,XIV(1):63-82 (1982) Las provincias incas del antiguo Tucumán. Revista del Museo Nacional, XLVI:317-380. Lima, Perú.

González, A. y V. Núñez Regueiro(1960) Preliminary report on archaeological research in Tafí del Valle N.W. Argentina. Actas del 34° Congreso Internacional de Americanistas, pp:485-496. Alemania.

González, L. (1994-5) Blues del Bicho Muerto: observaciones arqueológicas en el sur del valle de Yocavil. Palimpsesto,4:97-102. Buenos Aires. (2000) La dominación Inca. Tambos, caminos y santuarios. En Nueva Historia Argentina. M. Tarragó (Ed.)Editorial Sudamericana. Argentina.

González, L., E. Cabanillas y T. Palacios (1998-9) El Pozo y el Tumi: Arqueometalurgia del sur del valle de Yocavil. Cuadernos del INAPL, 18:207-222.

González, L. y M. Tarragó (2004) Dominación, resistencia y tecnología: La ocupación incaica en el Noroeste Argentino. Chungara, 36 (2):391-404. Chile. (2005) Vientos del Sur: El Valle de Yocavil (NO Argentino) bajo la dominación incaica. Estudios Atacameños,29:67-95. Chile.

Gosden, C. (2004) Archaeology and Colonialism: Cultural Contact from 5000 BP to the Present. Cambridge University Press. Cambridge.

Gosden, C. y Y. Marshall (1999) The cultural biography of objects. World Archaeology, 31(2):169-178.
Guaman Poma de Ayala, F. (1980 [1613]). El Primer Nueva Crónica y Buen Gobierno. Siglo Veintiuno. México.

Hodder, I. (1982) Symbols in Action. Cambridge University Press. Cambridge.

Hyslop, J. (1976). An Archaeological Investigation of the Lupaqa Kingdom and itsOrigins. Tesis Doctoral Inédita.Columbia University. (1990) Inka Settlemenet Planning. University of Texas Press. USA.

Jacobs, J. (1996) Edge of Empire: Postcolonialism and the City. Routledge. Londres, UK.

Kopytoff, I. (1986) The cultural biography of things: Commoditization as process. En The Social Life of Things: Commodities in Cultural Perspective. A. Appadurai (Ed.). Cambridege University Press. Cambridge.

Kriscautzky, N.(1999) Arqueología del Fuerte Quemado de Yocavil. Publicación de la Dirección Provincial de Cultura (Prov. deCatamarca), Tomo I. (2002-4) Pucará de Aconquija, incaico, catamarqueño, y monumento histórico nacional. ¿Lo verán nuestroshijos?. Boletín de la Junta de Históricos de Catamarca, Año XIV. Catamarca.

Lanzelotti, S. (2002) La utilización de GIS para el procesamiento de los datos obtenidos en la prospección arqueológica delFilo de Las Micunas (Tafí Del Valle, Tucumán). Trabajo presentado al VII Congreso Nacional de Estudiantesde Arqueología. San Pedro de Colalao, Tucumán.

Lambert, P. (2002) The Archaeology of War: A North American Perspective. Journal of Archaeological Research,10(3):207-235.

LeBlanc, S. (1999) Prehistoric warfare in the American Southwest. Salt Lake City: University of Utah Press.

López, M. (2001) Estrategias de estudios e investigación arqueológica de las depresiones cuadrangulares de la localidad de Los Cuartos, Tafí del Valle, Tucumán. Tesis de Licenciatura Inédita. Universidad Nacional de Catamarca.

López, M. y B. Manasse (2001) Estudio de la relevancia arqueológica de las depresiones cuadrangulares de la localidad de LosCuartos, Tafí del Valle, Tucumán. XIV Congreso de Arqueología Argentina. Rosario.

Lorandi, M. (1980) La frontera oriental del Tawantinsuyu.: El Umasuyu y el Tucumán. Una hipótesis de trabajo. Relacionesde la SAA, XIV:147-164. (1984) Soñocamayoc. Lo olleros del Inka en los centros manufactureros del Tucumán. Revista del Museo deLa Plata (NS) T.VIII. La Plata.(1992) El mestizaje interétnico en el noroeste argentino. En 500 años de Mestizaje en los Andes, H. Tomoeda y L. Millones (Eds.). Senri Ethnological Studies 33, Nacional Museum of Ethnology, Osaka, Japón.

Madrazzo, G. y M. Ottonello (1966) Tipos de instalación prehispánica en la Región de la Puna y su Borde. Monografías I, Museo Municipal «Damaso Arce». Olavarria.

Manasse, B (1999) Historia de una calle: arqueología de rescate en el loteo del km. 61, 5 de Los Cuartos, Tafí del Valle,Tucumán. Actas del XII Congreso de Arqueología Argentina, Volumen III pp. 305 – 310. UNLaP.

(2002a) Caracterización arqueológica del norte de la Estancia de Los Cuartos, Tafí del Valle, Provincia deTucumán. Actas del XIII Congreso Nacional de Arqueología Argentina, 2: 397-411. UNC, Córdoba.

(2002b) Una historia alternativa sobre el pasado prehispánico del valle de Tafí Producciones Científicas NOA 2002. UNCa. Editado en Formato CD.

(2003) Arqueología en los faldeos suroccidentales de las Cumbres Calchaquíes. Aportes Científicos desde Humanidades, Vol. 3 pp. 393 – 409. Universidad Nacional de Catamarca.

(2006) Estudio de Relevancia e Impacto Arqueológico, Loteo «La Quesería». Informe a la Dirección dePatrimonio Histórico y Antropológico de la provincia de Tucumán. MS,

(2007) Tiempo antes de la conquista en el Valle de Tafí. En Paisajes y procesos sociales en Tafí. Una mirada desde el valle. P. Arenas, B. Manasse y E. Noli (Comp.). Universidad Nacional de Tucumán.

Manasse, B. y P. Arenas (2001) Espacios y procesos sociales en Tafí del Valle. Memorias del II Congreso Internacional sobre Patrimonio Histórico e Identidad Cultural. Cochabamba, Bolivia. MS.

Manasse, B, R. Ovejero y M. C. Páez (2005) Estudios Tecnológicos de Alfarería Tardía del Este del Valle de Tafí, Tucumán. XV Congreso NacionalDe Arqueología Argentina, Simposio «Ceramología III: Avances Teóricos y Metodológicos». MS.

Manasse, B. y M. C. Páez (2006) La alfarería Belén: sentidos de la evidencia. Actas III Congreso de Historia de Catamarca. S. F. V. de Catamarca.

Manasse, B., C. J. Patané Aráoz y C. Melián(2004) Intervención arqueológica en LCZVIII-S1 (Los Cuartos, Tafí del Valle, Prov. de Tucumán). Aportes Científicos desde Humanidades, Tomo1:144-155. Fac. de Humanidades, Universidad Nacional de Catamarca.

Mercado de Peñalosa, P. (1885 [1588-89]) Relación de la Provincia de los Pacajes. En Relaciones Geográficas de Indias por M. Jiménez de la Espada, Tomo II, Ministerio de Fomento. Madrid.

Meyers, A. (1975) Algunos problemas en la clasificación del estilo incaico. Pumapunku, 8:7-25. La Paz.

Mulvany, E. (2003) Control estatal y economías regionales. Cuadernos de la Facultad de Humanidades y CienciasSociales, 20:173-197. Universidad Nacional de Jujuy. Jujuy.

Nielsen, A. (1997) Impacto y Organización del dominio Inka en Humahuaca. MS. (2001). Evolución social en Quebrada de Humahuaca (AD 700-1536). En Historia Argentina Prehispánica., E. Berberián y A. Nielsen (Eds.) 1:171-264. Editorial Brujas. Córdoba, Argentina. (2002) Asentamientos, conflicto y cambio social en el altiplano de Lipez (Potosí). Revista Española de Antropología Americana, 32:179-205.

Nastri, J. (1998) Patrones de asentamiento prehispánicos tardíos en el suroeste del valle de Santa Maria (Noroeste Argentino). Relaciones de la SAA, 22/23:247-270. Buenos Aires.

Neyra, G. y E. Valverdi (2006) Enterratorios Santamarianos en Los Cuartos, Tafí del Valle, Tucumán, Republica Argentina. Trabajopresentado al I Congreso de Humanidades, Fac. de Humanidades, Universidad Nacional de Catamarca.

Niemeyer, H. (1997) El periodo medio. Complejo Las Ánimas. En Culturas Prehistóricas de Copiapo, H. Niemeyer y M.Cervellino (Eds.). Universidad de Copiapo, Chile.

Núñez Atencio, L. y T. Dillehay (1995) Movilidad giratoria, armonía social y desarrollo en los Andes Meridionales patrones de tráfico e interacción económica. Universidad Católica de Chile Antofagasta, Chile.

Núñez Regueiro, V. (1974) Conceptos instrumentales y marco teórico en relación al desarrollo cultural del Noroeste Argentino.Revista del Instituto de Antropología, 5: 169 – 190. Universidad Nacional de Córdoba.

Núñez Regueiro, V. y J. García Azcarate(1996) Investigaciones arqueologías en El Mollar, Depto. Tafí, Pcia. de Tucumán. Actas y Memorias del XI Congreso Nacional de Arqueología Argentina, Tomo XXV (1/4):87-98. Museo de Historia Natural de SanRafael, Mendoza.

Núñez Regueiro, V. y M. Tarragó(1972) Evaluación de datos arqueológicos: ejemplos de aculturación. Estudios de Arqueología, 1:36-48. Cachi,Salta.

Núñez Regueiro, V. y M. Tartusi (1990) Aproximación al estudio del área pedemontana de Sudamérica. Cuadernos del INAPL, 12:125-160. Buenos Aires.

Olivera, D. (1991) La ocupación Inka en la Puna Meridional Argentina. Departamento Antofagasta de la Sierra,Catamarca. Comechingonia, Vol. I (4):63-71. Córdoba.

Orgaz, M. (2002 [1995]) Presencia inkaica en los Andes Meridionales. Caso de estudio en la cabecera norte del valle de Chaschuil (Tinogasta,-Catamarca). CENEDIT. Universidad Nacional de Catamarca.

Owen, B. (1995). Warfare and engineering, ostentation and status in the Late Intermediate Period Osmore drainage.Ponencia presentada en Society for American Archaeology 60th Annual Meeting.

Páez, M. C. (2005) El tardío en el valle de Tafí, Provincia de Tucumán: Estudio de material alfarero Santamariano. Tesis presentada para optar a la Licenciatura en Arqueología. UNCa. MS.

Páez, M. C., B. Manasse y G. Toselli (2007) Alfarería tardía con inclusiones blancas en el valle de Tafí, Prov. de Tucumán. Aportes desdeHumanidades 7, pp: 272-280. Universidad Nacional de Catamarca. Editado en formato CD.

Páez, M. C., R. Ovejero y G. Toselli (2005) Caracterización tecnológica de alfarería Santamariana del Valle de Tafí. Ponencia presentada al Primer Congreso Argentino de Arqueometria. Rosario. MS.

Páez, M. C. y C. J. Patané Aráoz (2007) Análisis tecnológico de alfarería incaica: Los platos pato del Pucará de Las Lomas Verdes (Tafí delValle, Tucumán). Aportes Científicos desde Humanidades 7, pp:283-296. Universidad Nacional de Catamarca.Editado en formato CD.

Palamarzuk, V. y M. Manasiewicz (2001) Tiempos antiguos: centralización y estandarización en la producción de la cerámica FNG. Ponencia presentada en XIV Congreso Nacional de Arqueología Argentina, Rosario. MS.

Palma, J. (2003) La funebria de Campo Morado, Quebrada de Humahuaca (Depto. de Tilcara, Pcia. de Jujuy). Relaciones de la SAA, XXVIII:61-74. Buenos Aires.

Pärssinen, M. (2003) Tawantinsuyu. El estado Inca y su organización política. Pontificia Universidad Católica del Perú. Perú. (2005) Caquiaviri y la provincia Pacasa. Desde el alto formativo hasta la conquista española.

Colección:Maestría en Historias Andinas y Amazónicas. Colegio Nacional de Historiadores de Bolivia. CIMA Editores. LaPaz, Bolivia.

Pärssinen, M. y A. Siiriäinen (2003) Andes Orientales y Amazonia Occidental. Ensayos entre la Historia y la Arqueología de Bolivia, Brasil y Perú. Producciones CIMA, La Paz, Bolivia.

Patané Aráoz, C. J., C. Melián y D. Alvarez Candal (2002) Investigación y rescate arqueológico en Los Cuartos, Tafí del Valle, Tucumán: ¿Redescubriendo el Pucará de Las Lomas Verdes?. Ponencia presentada al VII Congreso Nacional de Estudiantes de Arqueología.
S.P. de Colalao, Tucumán. MS.

Patané Aráoz, C. J. (2007) Evaluando causas y consecuencias: Un estudio sobre procesos naturales y culturales de formación desitio. El caso de LCZVIIIS1 (Tafí del Valle, Tucumán). Aportes desde Humanidades 7, pp: 1856-1867. Universidad Nacional de Catamarca. Editado en formato CD.

Plaza Schuller, F. (1980) El complejo de fortalezas de Pambamarca. Serie Arqueología n°3. Instituto Otavaleño de Antropología. Ecuador.

Pollard, G. (1983) The Prehistory of NW Argentina: The Calchaqui Valley Project, 1977-1981. Journal of Field Archaeology, 10 (1):11-32.

Quipocamayos([1542-1544] 1920) Declaración de los quipocamayos a Vaca de Castro. Colección de Libros y documentosreferentes a la historia de Perú. 2da Serie, Tomo III. Lima, Perú.

Quiroga, A. (1899) Ruinas de Anfama, el pueblo prehistórico de La Cienaga. Boletín del Instituto Geográfico Argentino,XX:95-123, Buenos Aires.

Raffino, R. (1991) Poblaciones indígenas en Argentina. Urbanismo y Proceso social precolombino. Editorial TEA. BuenosAires.

Raffino, R., G. Raviña, L. Iacona, D. Olivera y A. Albornoz (1979-1982) Aplicaciones de la teoría de sistemas y propuesta taxonómica de los vestigios inkas en los andesmeridionales. Cuadernos del INAPL, 9:59-76. Buenos Aires.

Ratto, N. (1997) Revisión de impacto ambiental - arqueológico- postconstrucción de la Línea de Alta Tensión (El Bracho-La Alumbrera) sector Tafí del Valle (Tucumán), 160 pp. Informe realizado para Minera Alumbrera Ltd..Manuscrito en la Secretaría de Cultura de la Provincia de Tucumán. MS.

Ruiz, M. y M. Albeck (1997) El fenómeno pukara visto desde la puna jujeña. Estudios Atacameños, 12:83-95. Chile.

Rowe, J. (1942). Sitios históricos en la región de Pucara, Puno. Revista del Instituto Arqueológico, 10-11: 66-75. (1944) An introduction to Cuzco Archaeology. Papers of the Peabody Museum of Archaeology and Ethnology, T.27 N°2. University of Harvard, Cambridge.

Sampietro, M. (1996) Informe de Rescate Arqueológico. Línea de Alta Tensión El Bracho – La Alumbrera. MS. (2007) Tras una década de Geoarqueología en el Valle de Tafí. En Paisajes y procesos sociales en Tafí. Una mirada desde el valle. P. Arenas, B. Manasse y E. Noli (Comp.). Universidad Nacional de Tucumán.

Santillán de Andrés, S. (1951) Poblaciones indígenas en el Valle de Tafí. Geographia una et varia. Universidad Nacional de Tucumán.

Santillán de Andrés, S. y T. Ricci (1980) Geografía en Tucumán, consideraciones generales. Fac. de Filosofía y Letras, Univ. Nac. de Tucumán, S.M. de Tucumán.

Sarmiento de Gamboa, P. (1943 [1572]) Historia de los Incas. A. Rosenblat Ed., Emece Editores. Buenos Aires, Argentina.

Schreiber, K. (1987) Conquest and consolidation: A comparison of the Wari and Inka occupations of a highland peruvianvalley. American Antiquity, 52(2)::266-284.

Sempé, M. C. (1999) La cultura Belén. Actas del XII Congreso Nacional de Arqueología Argentina, Vol. II pp.: 250- 258. LaPlata.(2006) El periodo tardío en Azampay: El señorío Belén y su modelo geopolítico. En Presente y pasado de un pueblito catamarqueño, M. Sempé, S. Salceda y M. Mafia (Eds.). Editorial Al Margen.

Silliman, S. (2005) Cultural contact or colonialism? Challenges in the archaeology of native North America. AmericanAntiquity, 70(1):55-74.

Sinopoli, C. (1994) The Archaeology of Empires. Annual Reviews of Anthropology, 23:159-180.
Smith, M. y S. Montiel (2001) The Archaeological Study of Empires and Imperialism in Pre-Hispanic Central Mexico. Journal of Anthropological Archaeology, 20.245-284.

Stanish, Ch. (1997) Nonmarket imperoialism in the prehisopanic Americas: The Inka ocupattion of the Titicaca Basin. Latin American Antiquity, 8 (3):195-216.

Tarragó, M. (1974) Aspectos ecológicos y poblamientos prehispánicos en el Valle Calchaquí, Provincia de Salta. Revista del Instituto de Antropología, Tomo V. Córdoba.

(1987) Sociedad y sistema de asentamiento en Yocavil. Cuadernos del INAPL, 12:179-196. Buenos Aires.

(2000) Chacras y Pukara. Desarrollos sociales tardíos. En Los pueblos originarios y la conquista. Nueva Historia Argentina,Tomo 1, pp:257-3000. Editorial Sudamericana. Buenos Aires.

Tarragó, M. y L. González (2004) Arquitectura social y ceremonial en Yocavil, Catamarca. Relaciones de la SAA, XXIX: 297-316. Buenos Aires.

Thompson, L., E. Mosley-Thompson, J. Bolzan y B. Koci (1985) A 1500-year record of tropical precipitation in ice cores from the Quelccaya ice cap, Peru. Science, 229:971-973.

Toledo, F. (1949 [1570]) Información hecha por orden de Don Francisco de Toledo en su visita de las Provincias de Peru. En Don Francisco de Toledo, Supremo organizador del Perú. R. Levillier (Ed.), Vol 2, pp:14-37. Espasa-Calpa, Buenos Aires.

Topic, J., y T. Topic (1978) Prehistoric fortification systems of Northern Peru. Current Anthropology, 19 (3):618-619.

(1987) The archaeological investigation of Andean militarism: Some cautionary observations. En The Origins and Development of the Andean State. J. Haas, Sh. Pozorski y T. Pozorski (Eds.). Cambridge University Press.

Wallerstein, I. (1974) The Modern World System. Academic Press. New York.

Willey, G. (1953) Prehistoric Settlement Patterns in the Virú Valley, Perú. Bureau of American Ethnology Bulletin 15.5.

Williams, V. (2002-2005) Provincias y capitales. Una visita a Tolombón, Salta, Argentina. Xama, 15-18:177-198. Mendoza.

(2003) Poder y cultura material bajo el dominio inka. Primer Congreso de Historia Sudamericana. Santa Cruz de la Sierra, Bolivia. MS.

(2004) Nuevos datos sobre la prehistoria local en la quebrada de Tolombón, Pcia. de Salta. Argentina. En Local, Regional, Global: Prehistoria, Protohistoria e Historia de los Valles Calchaquíes. P. Cornell y P. Stemborg (Eds.). Suecia.

Williams, V. y T. D'Altroy (1998) El sur del Tawantinsuyu: Un dominio selectivamente intensivo. Tawantinsuyu, 5:170-178.

Williams, V. y A. Lorandi (1991) Control estatal incaico en el noroeste de Argentina. Un caso de estudio, Potrero Chaquiago. Arqueología N° 1:75-103. Buenos Aires.

Zanolli, C. (2003) Los Chichas como mitimaes del Inca. Relaciones de la SAA, XXVIII:45-60. Buenos Aires.

# ANEXO | A.1 FOTOGRAFIAS

Figura A.1. Vista desde el Sur de los faldeos sudoccidentales de las Cumbres Calchaquíes (Los Cuartos, Tafí del Valle). Se señala la localización del Pukara de las Lomas Verdes, unos metros por arriba de la torre de alta tensión (ver siguiente foto).

Figura A.2. Vista área del Pukara desde el Sudoeste (señalado entre líneas punteadas). Se señala a la derecha una de las torres de alta tensión (El Bracho-La Alumbrera). Nótese la cercanía de esta al sitio.

Figura A.3. Vista área del sitio. Las líneas punteadas señalan la subdivisión del sitio (ver Plano del sitio), las líneas punteadas inferiores señalan los corrales actuales.

Figura A.4. Vista desde el Norte de las pendientes orientales del sitio

Figura A.5. Vista desde el Norte de las pendientes occidentales del sitio

Figuras A.5 y A.6. Técnicas constructivas empleadas en la construcción de los muros de diferentes estructuras en la parte alta del sitio

Figura A.7. Vista desde el Noroeste, en primer plano la porción interna de la pared Este de E 14

- **DIFERENTES VISTAS DEL MURO PERIMETRAL DEL SITIO**

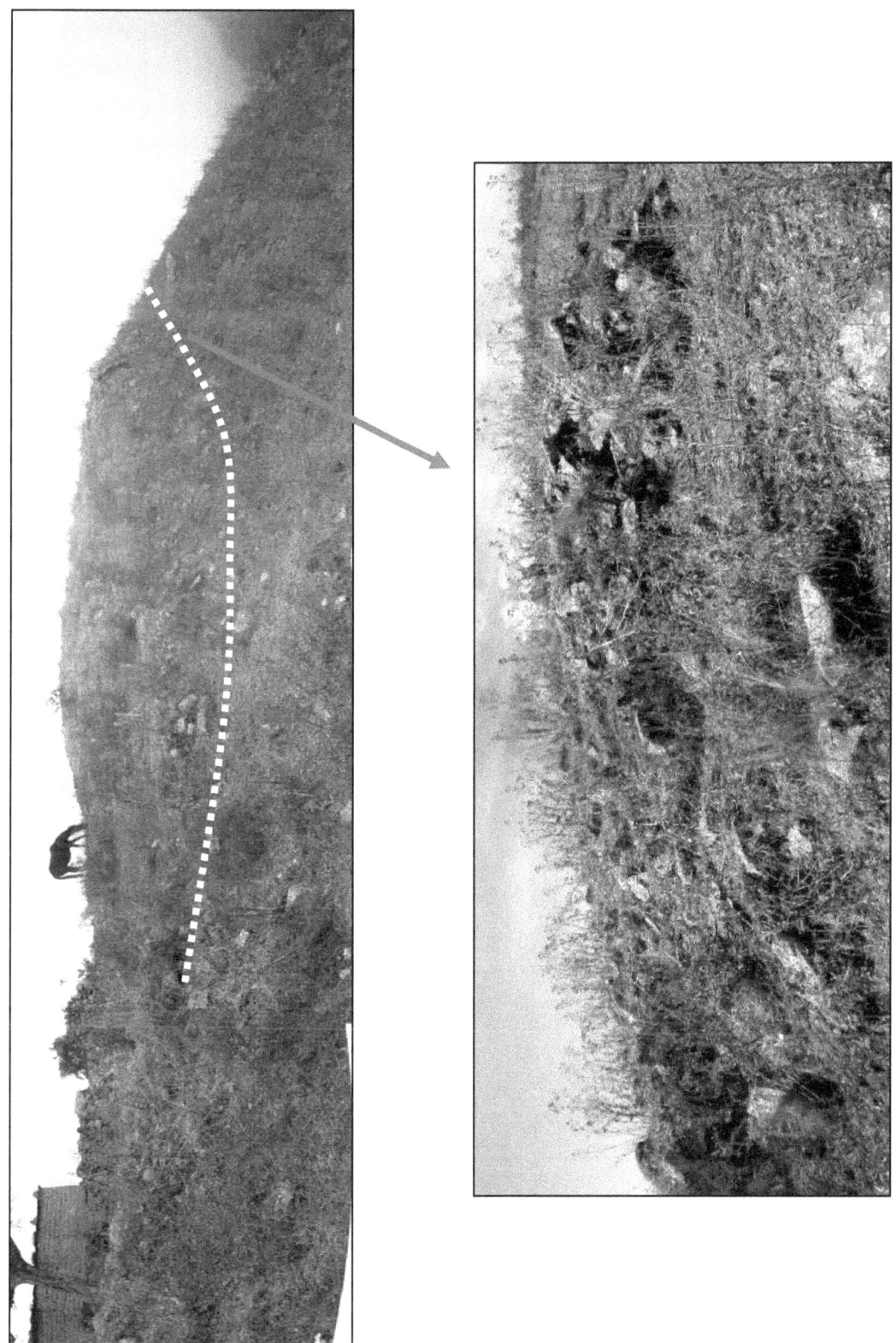

Figuras A.8 y A.9. En la figura A.8 (izquierda) la línea punteada señala la extensión del muro, visible en superficie, en la parte baja occidental del sitio (Sector 5). La figura A.9 muestra en detalle una pequeña porción de este muro

Figura A.10. Vista desde el Sur, corresponde a una porción del muro localizado en el Sector 4 (parte alta del sitio).

Figura A.11

Figura A.12

Figura A.13

Figura A.14. Señala, junto a las fotografías A.11, 12 y 13, distintos tramos del muro localizados en la porción baja oriental del sitio (Sector 6)

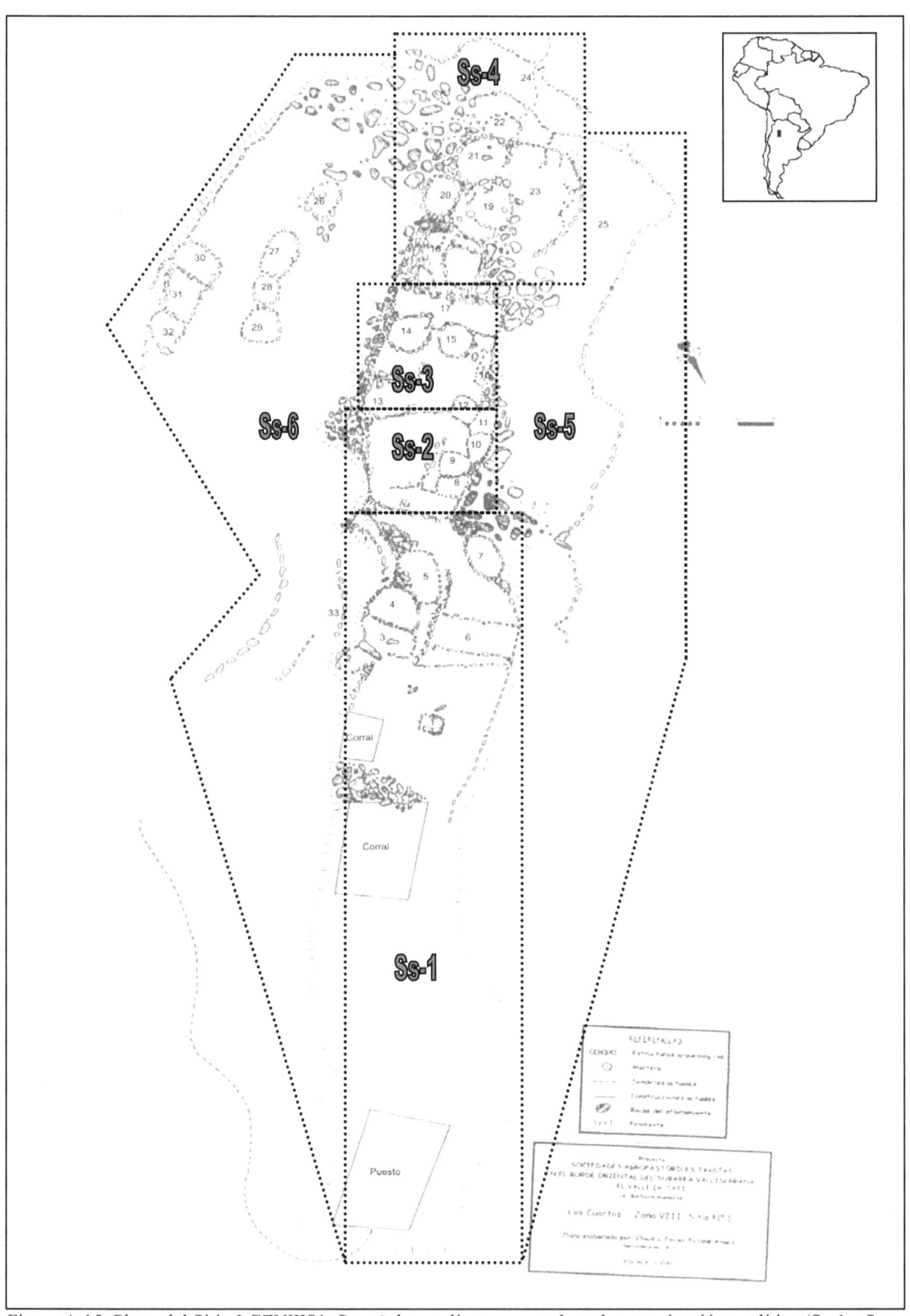

Figura A.15. Plano del Sitio LCZVIIIS1. Se señala con líneas punteadas a la sectorización analítica (Ss-1 a Ss-6). Ver referencias en el texto y en Patané Aráoz et al., (2002)

# ANEXO A.2 PLANILLAS[1]

## Tabla de análisis de materiales cerámicos recuperados en E 18

| Muestra | Identificación | Tipo decorativo | Porción presente | Tamaño < 02 cm. | Tamaño 02 - 06 cm. | Tamaño > 06 cm. | Alteraciones | Hollín / Ahumado | Carácter |
|---|---|---|---|---|---|---|---|---|---|
| 1 | LC61b1 | tosco | indet. |  | x |  | 6 | 0 | 0 |
| 2 | LC61b2 | tosco | cuerpo | x |  |  | 6 | 0 | 0 |
| 3 | LC61b3 | tosco | cuerpo |  | x |  | 6 | 1 | 0 |
| 4 | LC61b4 | Inka | borde, labio, cuerpo |  | x |  | 1,6 | 0 | 0 |
| 5 | LC61b5 | FNR | indet. | x |  |  | 1,6 | 0 | 0 |
| 6 | LC61b6 | FNG | indet. |  | x |  | 6 | 0 | 0 |
| 7 | LC61b7 |  |  |  |  |  |  |  |  |
| 8 | LC61b8 | Belén | borde, cuello |  |  | x | 1,6 | 0 | 0 |
| 9 | LC61b9 |  |  |  |  |  |  |  |  |
| 10 | LC61b10 |  |  |  |  |  |  |  |  |
| 11 | LC61b11 |  |  |  |  |  |  |  |  |
| 12 | LC61b12 | tosco | cuerpo |  | x |  | 2,6 | 1 | 0 |
| 13 | LC61b13 | tosco | cuerpo |  | x |  | 6 | 1 | 1 |
| 14 | LC61b14 |  |  |  |  |  |  |  |  |
| 15 | LC61b15 | FNG | indet. | x |  |  | 6 | 0 | 0 |
| 16 | LC61b16 | SM bicolor | indet. |  |  | x | 1,6 | 0 | 0 |
| 17 | LC61b17 |  |  |  |  |  |  |  |  |
| 18 | LC61b18 |  |  |  |  |  |  |  |  |
| 19 | LC61b19 | indet. | indet. |  | x |  | 1,6 | 0 | 0 |
| 20 | LC61b20 |  |  |  |  |  |  |  |  |
| 21 | LC61b21 |  |  |  |  |  |  |  |  |
| 22 | LC61b22 | SM N/R | cuerpo, cuello |  |  | x | 1,6 | 0 | 0 |
| 23 | LC61b23 | tosco | borde |  | x |  | 6 | 1 | 0 |
| 24 | LC61b24 | Belén | indet. |  | x |  | 1,6 | 0 | 0 |
| 25 | LC61b25 | tosco | indet. |  | x |  | 6 | 1 | 0 |
| 26 | LC61b26 | tosco | cuerpo |  | x |  | 6 | 1 | 0 |
| 27 | LC61b27 | FNG | indet. | x |  |  | 6 | 0 | 0 |
| 28 | LC61b28 | Belén | borde, cuello |  | x |  | 1,2,6 | 0 | 0 |
| 29 | LC61b29 | SM N/R | cuerpo |  |  | x | 1,5,6 | 0 | 1 |
| 30 | LC61b30 | indet. | indet. |  | x |  | 1,6 | 0 | 0 |

---

[1] En estas planillas las celdas en gris claro refiere a restos óseos, gris oscuro a material lítico, trama gris clara a carbón, trama oblicua a metales. En la columna "Alteraciones" el Nº1 corresponde a "descascarado", 2 a "pintura desvaída", 4 a "fractura fresca", 5 a "agrietado", 6 a "rodamiento" y 8 a "rayado". En la Columna "Hollín/Ahumado" el Nº1 corresponde a "presencia". En la columna "Carácter" el Nº1 corresponde a "Remonta".

| 31 | LC61b31 | tosco | cuerpo | | x | | 6 | 1 | 0 |
|---|---|---|---|---|---|---|---|---|---|
| 32 | LC61b32 | | | | | | | | |
| 33 | LC61b33 | tosco | cuerpo | | x | | 6 | 1 | 0 |
| 34 | LC61b34 | FNR | cuerpo | | x | | 1,6 | 0 | 1 |
| 35 | LC61b35 | indet. | indet. | | x | | 6 | 0 | 0 |
| 36 | LC61b36 | tosco | indet. | | x | | 6 | 1 | 1 |
| 37 | LC61b37 | Inka | base | | x | | 2,6 | 0 | 0 |
| 38 | LC61b38 | tosco | indet. | | x | | 6 | 1 | 0 |
| 39 | LC61b39 | SM N/R | indet. | x | | | 1,6,8 | 0 | 0 |
| 40 | LC61b40 | SM N/R | cuerpo | | x | | 1,6,8 | 0 | 0 |
| 41 | LC61b41 | tosco | indet. | | x | | 6 | 1 | 0 |
| 42 | LC61b42 | | | | | | | | |
| 43 | LC61b43 | tosco | cuerpo | | x | | 6 | 1 | 0 |
| 44 | LC61b44 | tosco | cuerpo | | x | | 6 | 1 | 0 |
| 45 | LC61b45 | tosco | indet. | | x | | 6 | 1 | 0 |
| 46 | LC61b46 | indet. | indet. | | x | | 1,6 | 0 | 1 |
| 47 | LC61b47 | | | | | | | | |
| 48 | LC61b48 | SM N/R | cuerpo | | x | | 1,6 | 0 | 1 |
| 49 | LC61b49 | | | | | | | | |
| 50 | LC61b50 | tosco | cuerpo | | x | | 6 | 1 | 0 |
| 51 | LC61b51 | | | | | | | | |
| 52 | LC61b52 | tosco | cuerpo | | x | | 6 | 1 | 0 |
| 53 | LC61b53 | SM bicolor | cuerpo | | x | | 1,6 | 0 | 0 |
| 54 | LC61b54 | tosco | cuerpo | | x | | 3,6 | 0 | 0 |
| 55 | LC61b55 | SM N/R | cuerpo | | x | | 1,6,8 | 0 | 0 |
| 56 | LC61b56 | SM bicolor | indet. | | x | | 1,6 | 0 | 0 |
| 57 | LC61b57 | tosco | indet. | | x | | 6 | 0 | 0 |
| 58 | LC61b58 | tosco | cuerpo | | x | | 6 | 1 | 0 |
| 59 | LC61b59 | Belén | borde, labio,cuello | | x | | 1,2,6 | 0 | 0 |
| 60 | LC61b60 | tosco | cuerpo | | x | | 6 | 1 | 0 |
| 61 | LC61b61 | Belén | indet. | | x | | 1,6 | 0 | 0 |
| 62 | LC61b62 | | | | | | | | |
| 63 | LC61c1 | FNR | indet. | | x | | 4,6 | 0 | 1 |
| 64 | LC61c2 | FNG | indet. | | x | | 6 | 0 | 0 |
| 65 | LC61c3 | | | | | | | | |
| 66 | LC61c4 | | | | | | | | |
| 67 | LC61c5 | | | | | | | | |
| 68 | LC61c6 | tosco | cuerpo | | x | | 6 | 0 | 0 |
| 69 | LC61c7 | tosco | indet. | | x | | 6 | 1 | 0 |
| 70 | LC61c8 | tosco | indet. | | x | | 6 | 1 | 0 |
| 71 | LC61c9 | SMB | cuerpo, cuello | | x | | 1,6 | 0 | 0 |

| 72 | LC61c10 | FNR | borde | x | | | 1,6 | 0 | 0 |

## Tabla de análisis de materiales cerámicos recuperados en E 15

| Muestra | Identificación | Tipo decorativo | Porción presente | Tamaño | | | Alteraciones | Hollín / Ahumado | Carácter |
|---|---|---|---|---|---|---|---|---|---|
| | | | | <0,02 cm | 0,02 - 0,06 | >0,06 cm | | | |
| 1 | LC60a1 | tosco | indet. | | x | | 6 | 1 | 0 |
| 2 | LC60a2 | SM tricolor | indet. | | x | | 1,6 | 0 | 0 |
| 3 | LC60a3 | tosco | indet. | x | | | 6 | 0 | 0 |
| 4 | LC60a4 | SM tricolor | cuerpo | | x | | 6 | 0 | 0 |
| 5 | LC60a5 | SM tricolor | cuerpo | | x | | 6 | 0 | 0 |
| 6 | LC60a6 | tosco | indet. | | x | | 6 | 0 | 1 |
| 7 | LC60a7 | FNR | indet. | x | | | 1,6 | 0 | 1 |
| 8 | LC60a8 | FNG | indet. | x | | | 1,6 | 0 | 0 |
| 9 | LC60a9 | tosco | cuerpo | | x | | 6 | 1 | 0 |
| 10 | LC60a10 | tosco | indet. | | x | | 6 | 1 | 0 |
| 11 | LC60a11 | tosco | indet. | x | | | 6 | 0 | 1 |
| 12 | LC60a12 | tosco | indet. | x | | | 6 | 0 | 0 |
| 13 | LC60a13 | tosco | cuepo | | x | | 6 | 0 | 0 |
| 14 | LC60a14 | indet. | indet. | | x | | 6 | 0 | 0 |
| 15 | LC60a15 | tosco | indet. | x | | | 6 | 0 | 0 |
| 16 | LC60a16 | indet. | borde, labio | x | | | 6 | 0 | 0 |
| 17 | LC60a17 | tosco | borde | | x | | 6 | 0 | 0 |
| 18 | LC60a18 | tosco | cuerpo | | x | | 6 | 0 | 0 |
| 19 | LC60a19 | tosco | indet. | x | | | 6 | 0 | 0 |
| 20 | LC60a20 | tosco | indet. | x | | | 6 | 0 | 0 |
| 21 | LC60a21 | tosco | indet. | | x | | 6,8 | 0 | 0 |
| 22 | LC60a22 | tosco | indet. | x | | | 6 | 0 | 0 |
| 23 | LC60a23 | tosco | indet. | | x | | 6 | 0 | 0 |
| 24 | LC60c1 | tosco | indet. | x | | | 6 | 0 | 0 |
| 25 | LC60c2 | indet. | indet. | x | | | 6 | 0 | 0 |
| 26 | LC60c3 | tosco | indet. | x | | | 6 | 1 | 0 |
| 27 | LC60c4 | tosco | borde, cuerpo | | x | | 6 | 0 | 0 |
| 28 | LC60c5 | tosco | indet. | x | | | 6 | 0 | 0 |
| 29 | LC60c6 | tosco | indet. | x | | | 6 | 0 | 0 |
| 30 | LC60c7 | indet. | indet. | | x | | 6 | 0 | 0 |
| 31 | LC60c8 | indet. | indet. | x | | | 6 | 0 | 0 |
| 32 | LC60c9 | | | | | | | | |
| 33 | LC60c10 | tosco | indet. | | x | | 6 | 0 | 1 |
| 34 | LC60c11 | tosco | indet. | | x | | 6 | 0 | 0 |
| 35 | LC60c12 | indet. | indet. | x | | | 1,6 | 0 | 0 |
| 36 | LC60c13 | indet. | indet. | x | | | 6 | 0 | 0 |
| 37 | LC60c14 | tosco | indet. | x | | | 6 | 0 | 0 |

| | | | | | | | | | |
|---|---|---|---|---|---|---|---|---|---|
| 38 | LC60c15 | tosco | indet. | | x | | 6 | 0 | 0 |
| 39 | LC60c16 | indet. | indet. | x | | | 1,6 | 0 | 0 |
| 40 | LC60c17 | indet. | indet. | x | | | 6 | 0 | 0 |
| 41 | LC60c18 | tosco | indet. | x | | | 6 | 0 | 0 |
| 42 | LC60c19 | tosco | indet. | x | | | 6 | 0 | 1 |
| 43 | LC60c20 | tosco | indet. | x | | | 6 | 0 | 0 |
| 44 | LC60c21 | indet. | indet. | x | | | 6 | 0 | 0 |
| 45 | LC60c22 | tosco | indet. | | x | | 6 | 0 | 0 |
| 46 | LC60c23 | tosco | indet. | x | | | 6 | 0 | 0 |
| 47 | LC60c24 | tosco | indet. | x | | | 6 | 0 | 0 |
| 48 | LC60c25 | indet. | indet. | x | | | 5,6 | 0 | 0 |
| 49 | LC60c26 | | | | | | | | |
| 50 | LC60c27 | tosco | cuerpo | | x | | 6 | 0 | 1 |
| 51 | LC60c28 | FNR | indet. | | x | | 1,6 | 0 | 0 |
| 52 | LC60c29 | | | | | | | | |
| 53 | LC60c30 | tosco | indet. | x | | | 6 | 0 | 0 |
| 54 | LC60c31 | | | | | | | | |
| 55 | LC60c32 | tosco | cuerpo | | x | | 6 | 1 | 0 |
| 56 | LC60c33 | tosco | indet. | x | | | 6 | 1 | 0 |
| 57 | LC60c34 | indet. | borde | | x | | 1,6 | 0 | 0 |
| 58 | LC60c35 | indet. | indet. | x | | | 6 | 0 | 0 |
| 59 | LC60c36 | tosco | cuerpo | | | x | 6 | 0 | 0 |
| 60 | LC60c37 | SM tricolor | cuerpo | | | x | 1,6 | 0 | 0 |
| 61 | LC60c38 | SM Tricolor | cuerpo | | x | | 6 | 0 | 0 |
| 62 | LC60c39 | tosco | cuerpo | | | x | 6 | 0 | 0 |
| 63 | LC60c40 | tosco | cuerpo | | | x | 6 | 0 | 0 |
| 64 | LC60e1 | | | | | | | | |
| 65 | LC60e2 | tosco | indet. | x | | | 6 | 0 | 1 |
| 66 | LC60e3 | tosco | indet. | x | | | 6 | 1 | 0 |
| 67 | LC60e4 | tosco | indet. | | x | | 6 | 0 | 0 |
| 68 | LC60e5 | tosco | cuerpo | | | x | 6 | 1 | 0 |
| 69 | LC60e6 | tosco | indet. | x | | | 6 | 0 | 0 |
| 70 | LC60e7 | tosco | indet. | x | | | 6 | 1 | 0 |
| 71 | LC60e8 | tosco | indet. | | x | | 6 | 0 | 0 |
| 72 | LC60e9 | FNR | indet. | | | x | 1,6 | 0 | 0 |
| 73 | LC60e10 | tosco | base, cuerpo | | | x | 6 | 0 | 0 |
| 74 | LC60e11 | SM tricolor | cuerpo | | | x | 1,6 | 0 | 0 |
| 75 | LC60e12 | tosco | indet. | | x | | 6 | 0 | 0 |
| 76 | LC60e13 | tosco | cuerpo | | | x | 6 | 0 | 0 |
| 77 | LC60e14 | indet. | indet. | | x | | 1,2,6 | 0 | 0 |
| 78 | LC60e15 | tosco | cuerpo | x | | | 6 | 1 | 0 |
| 79 | LC60e16 | tosco | indet. | | x | | 6 | 0 | 1 |
| 80 | LC60e17 | tosco | indet. | x | | | 6 | 0 | 0 |
| 81 | LC60e18 | indet. | indet. | | x | | 6 | 0 | 0 |
| 82 | LC60e19 | tosco | indet. | | x | | 6 | 0 | 0 |
| 83 | LC60e20 | tosco | indet. | | x | | 6 | 1 | 0 |

| 84 | LC60e21 | indet. | asa | x | | | 6 | 0 | 0 |
| 85 | LC60e22 | tosco | cuerpo | | | x | 2,6 | 0 | 0 |
| 86 | LC60e23 | tosco | indet. | | x | | 6 | 1 | 0 |

## Tabla de análisis de materiales cerámicos recuperados en E 10

| Muestra | Identificación | Tipo decorativo | Porción presente | Tamaño | | | Alteraciones | Hollín / Ahumado | Carácter |
|---|---|---|---|---|---|---|---|---|---|
| | | | | >0,02 cm | 0,02 - 0,06 | < 0,06 cm | | | |
| 1 | LC59a1 | | | | | | | | |
| 2 | LC59a2 | tosco | cuerpo | | x | | 6 | 0 | 0 |
| 3 | LC59a3 | tosco | cuerpo | | x | | 6 | 0 | 1 |
| 4 | LC59a4 | tosco | cuerpo | | x | | 6 | 1 | 1 |
| 5 | LC59a5 | tosco | cuerpo | | | x | 6 | 0 | 1 |
| 6 | LC59a6 | tosco | cuerpo | | x | | 6 | 0 | 0 |
| 7 | LC59a7 | tosco | cuerpo | | x | | 6 | 0 | 0 |
| 8 | LC59a8 | tosco | indet. | | x | | 6 | 1 | 1 |
| 9 | LC59a9 | tosco | cuerpo | | x | | 6 | 1 | 1 |
| 10 | LC59a10 | tosco | cuerpo | | x | | 6 | 0 | 0 |
| 11 | LC59a11 | tosco | borde, cuello, cuerpo | | x | | 6 | 0 | 0 |
| 12 | LC59a12 | indet. | indet. | | x | | 1,6 | 0 | 0 |
| 13 | LC59a13 | FNG | indet. | | x | | 6 | 0 | 0 |
| 14 | LC59a14 | tosco | cuello | | x | | 6 | 0 | 0 |
| 15 | LC59a15 | tosco | cuello | | | x | 2,5,6 | 1 | 0 |
| 16 | LC59a16 | tosco | cuerpo | | x | | 6 | 1 | 0 |
| 17 | LC59a17 | tosco | cuerpo | | | x | 6 | 0 | 0 |
| 18 | LC59c1 | indet. | indet. | | | x | 6 | 0 | 0 |
| 19 | LC59c2 | Inka | cuerpo | | | x | 2,4,5,6 | 0 | 0 |
| 20 | LC59c3 | tosco | cuerpo | | x | | 6 | 1 | 0 |
| 21 | LC59c4 | tosco | cuerpo | | | x | 6 | 1 | 0 |
| 22 | LC59c5 | tosco | cuerpo | | | x | 6 | 0 | 0 |
| 23 | LC59c6 | tosco | cuerpo | | | x | 6 | 1 | 0 |
| 24 | LC59c7 | Inka | borde,cuerpo,base | | | x | 1,2,5,6 | 0 | 1 |
| 25 | LC59c8 | tosco | cuerpo | | | x | 6 | 0 | 0 |
| 26 | LC59c9 | tosco | cuerpo | x | | | 6 | 0 | 0 |
| 27 | LC59c10 | tosco | borde, cuerpo | | x | | 6 | 0 | 0 |
| 28 | LC59c11 | FNR | borde, cuello, cuerpo | | x | | 1,6 | 0 | 0 |
| 29 | LC59c12 | tosco | indet. | | | x | 6 | 1 | 0 |
| 30 | LC59c13 | **Inka** | borde,cuerpo,base | | | x | 1,2,5,6 | 0 | 1 |
| 31 | LC59c14 | tosco | cuerpo | | | x | 6 | 0 | 0 |
| 32 | LC59c15 | SM bicolor | borde, cuerpo | | x | | 1,6 | 0 | 0 |

| | | | | | | | | | |
|---|---|---|---|---|---|---|---|---|---|
| 33 | LC59c16 | SM bicolor | cuerpo | | x | | 1,2,6 | 0 | 0 |
| 34 | LC59c17 | tosco | cuerpo | | x | | 2,5,6 | 0 | 0 |
| 35 | LC59c18 | FNR | borde,cuerpo | | | x | 1,2,6 | 0 | 1 |
| 36 | LC59c19 | tosco | cuerpo | | | x | 6 | 1 | 1 |
| 37 | LC59c20 | FNR | borde, cuerpo | | x | | 1,2,5,6 | 0 | 1 |
| 38 | LC59c21 | tosco | borde, cuerpo | | x | | 6 | 0 | 0 |
| 39 | LC59c22 | tosco | cuerpo | | | x | 6 | 1 | 0 |
| 40 | LC59c23 | FNR | cuerpo | | | x | 5,6 | 0 | 1 |
| 41 | LC59c24 | FNR | cuerpo | | x | | 6 | 1 | 0 |
| 42 | LC59c25 | tosco | cuerpo | | | x | 6 | 1 | 0 |
| 43 | LC59c26 | | | | | | | | |
| 44 | LC59c27 | tosco | cuerpo | | x | | 6 | 0 | 0 |
| 45 | LC59c28 | tosco | cuerpo | | x | | 6 | 1 | 0 |
| 46 | LC59c29 | tosco | cuerpo | | x | | 6 | 1 | 0 |
| 47 | LC59c30 | tosco | cuerpo | | x | | 6 | 0 | 0 |
| 48 | LC59c31 | FNR | borde | | x | | 1,4,6 | 0 | 0 |
| 49 | LC59c32 | FNR | borde,cuerpo | | x | | 1,6 | 0 | 1 |
| 50 | LC59c33 | tosco | cuerpo | | x | | 6 | 0 | 0 |
| 51 | LC59c34 | | | | | | | | |
| 52 | LC59c35 | tosco | cuerpo | | | x | 6 | 1 | 0 |
| 53 | LC59c36 | Yocavil | indet. | | x | | 2,5,6 | 0 | 0 |
| 54 | LC59c37 | tosco | cuerpo | | x | | 6 | 1 | 1 |
| 55 | LC59c38 | tosco | cuerpo | | | x | 6 | 1 | 1 |
| 56 | LC59c39 | FNR | cuerpo | | x | | 1,6 | 0 | 1 |
| 57 | LC59c40 | tosco | cuerpo | | x | | 6 | 1 | 1 |
| 58 | LC59c41 | tosco | cuerpo | | x | | 6 | 1 | 0 |
| 59 | LC59c42 | tosco | indet. | | x | | 6 | 1 | 0 |
| 60 | LC59c43 | tosco | cuerpo | | x | | 6 | 1 | 1 |
| 61 | LC59c44 | **tosco** | cuerpo | | x | | 6 | 1 | 1 |
| 62 | LC59c45 | tosco | cuerpo | | | x | 6 | 0 | 1 |
| 63 | LC59c46 | tosco | cuerpo | | | x | 6 | 0 | 1 |
| 64 | LC59c47 | tosco | cuerpo | | | x | 6 | 1 | 1 |
| 65 | LC59c48 | tosco | cuerpo | | | x | 6 | 0 | 0 |
| 66 | LC59c49 | tosco | cuerpo | | | x | 6 | 0 | 1 |
| 67 | LC59c50 | tosco | indet. | | x | | 6 | 0 | 1 |
| 68 | LC59c51 | tosco | cuerpo | | | x | 6 | 1 | 1 |
| 69 | LC59c52 | tosco | cuerpo | | x | | 6 | 1 | 1 |
| 70 | LC59c53 | tosco | cuerpo | | x | | 6 | 1 | 1 |
| 71 | LC59c54 | tosco | indet. | | x | | 6 | 1 | 0 |
| 72 | LC59c55 | Inka | cuello,cuerpo | | | x | 1,6 | 0 | 0 |
| 73 | LC59c56 | tosco | indet. | x | | | 6 | 0 | 1 |
| 74 | LC59c57 | tosco | base | | | x | 6 | 1 | 1 |
| 75 | LC59c58 | | | | | | | | |

## Tabla de análisis de materiales cerámicos recuperados en E 9

| Muestra | Identificación | Tipo decorativo | Porción presente | Tamaño >0,02 cm | Tamaño 0,02 - 0,06 | Tamaño < 0,06 cm | Alteraciones | Hollín / Ahumado- | Carácter |
|---|---|---|---|---|---|---|---|---|---|
| 1 | LC58a1 | tosco | cuerpo | | x | | 6 | 1 | 1 |
| 2 | LC58a2 | tosco | cuerpo | | x | | 6 | 1 | 1 |
| 3 | LC58a3 | tosco | indet. | | x | | 6 | 1 | 0 |
| 4 | LC58a4 | tosco | indet. | | x | | 2,6 | 1 | 0 |
| 5 | LC58a5 | SM N/R | cuerpo | | x | | 1 | 0 | 0 |
| 6 | LC58a6 | indet. | indet. | | x | | 6 | 0 | 0 |
| 7 | LC58a7 | inka | borde | | x | | 1,2,6,9 | 0 | 0 |
| 8 | LC58a8 | tosco | cuerpo | | x | | 6 | 1 | 0 |
| 9 | LC58a9 | tosco | indet. | | x | | 6 | 0 | 0 |
| 10 | LC58a10 | SM bicolor | cuerpo | | x | | 1,6 | 0 | 0 |
| 11 | LC58a11 | tosco | cuerpo | | | x | 6 | 1 | 0 |
| 12 | LC58a12 | indet. | cuerpo | | x | | 1,6 | 0 | 0 |
| 13 | LC58a13 | tosco | cuerpo | | x | | 6 | 1 | 0 |
| 14 | LC58a14 | tosco | indet. | | x | | 2,5,6 | 1 | 0 |
| 15 | LC58a15 | indet. | cuerpo | | x | | 6 | 0 | 0 |
| 16 | LC58a16 | indet. | cuerpo | | x | | 1,6 | 0 | 1 |
| 17 | LC58a17 | tosco | indet. | | x | | 6 | 0 | 0 |
| 18 | LC58a18 | tosco | cuerpo | | x | | 6 | 0 | 0 |
| 19 | LC58c1 | tosco | cuerpo | | x | | 2,6 | 1 | 0 |
| 20 | LC58c2 | inka | borde | | x | | 1,6 | 0 | 0 |
| 21 | LC58c3 | SM bicolor | cuerpo | | x | | 1,6 | 0 | 0 |
| 22 | LC58c4 | indet. | indet. | | x | | 1,6 | 0 | 0 |
| 23 | LC58c5 | tosco | cuerpo | | x | | 6 | 1 | 0 |
| 24 | LC58c6 | tosco | cuerpo | | x | | 6 | 0 | 0 |
| 25 | LC58c7 | tosco | cuerpo | | | x | 6 | 1 | 0 |
| 26 | LC58c8 | indet. | borde | x | | | 1,6 | 1 | 0 |
| 27 | LC58c9 | tosco | cuerpo | | x | | 6 | 0 | 0 |
| 28 | LC58c10 | | | | | | | | |
| 29 | LC58c11 | SM bicolor | cuerpo | | | x | 1,6 | 0 | 0 |
| 30 | LC58c12 | Inka | pie de compotera | | | x | 2,6 | 1 | 0 |
| 31 | LC58c13 | FNG | cuerpo, base | x | | | 6 | 0 | 0 |
| 32 | LC58c14 | tosco | cuerpo | | | x | 2,6 | 1 | 0 |
| 33 | LC58c15 | indet. | indet. | | x | | 1,6 | 0 | 1 |
| 34 | LC58c16 | Inka | cuerpo, borde | | | x | 1,6 | 0 | 0 |
| 35 | LC58c17 | tosco | cuerpo | | x | | 6 | 1 | 0 |
| 36 | LC58c18 | FNR | indet. | | x | | 1,6 | 0 | 0 |
| 37 | LC58c19 | tosco | cuerpo | | x | | 2,6 | 1 | 0 |
| 38 | LC58c20 | Inka | borde | | | x | 1,6 | 0 | 0 |
| 39 | LC58c21 | tosco | cuerpo | | x | | 6 | 1 | 0 |
| 40 | LC58c22 | SM bicolor | cuerpo | | x | | 1,6 | 0 | 0 |

| 41 | LC58c23 | SM N/R | cuerpo | | x | | 1,6 | 0 | 0 |
| 42 | LC58c24 | indet. | labio, borde, cuerpo | | | x | 1,6 | 1 | 0 |
| 43 | LC58c25 | | | | | | | | |

## Tabla de análisis de materiales cerámicos recuperados en E 5

| Muestra | Identificación | Tipo decorativo | Porción presente | Tamaño | | | Alteraciones | Hollín Ahumado | Carácter |
|---|---|---|---|---|---|---|---|---|---|
| | | | | >0,02 cm | 0,02 - 0,06 cm | < 0,06 cm | | | |
| 1 | LC57a1 | | | | | | | | |
| 2 | LC57a2 | | | | | | | | |
| 3 | LC57a3 | tosco | indet. | x | | | 6 | 0 | 0 |
| 4 | LC57a4 | tosco | indet. | x | | | 6 | 1 | 0 |
| 5 | LC57a5 | tosco | indet. | x | | | 6 | 0 | 1 |
| 6 | LC57a6 | | | | | | | | |
| 7 | LC57a7 | tosco | indet. | x | | | 6 | 1 | 0 |
| 8 | LC57a8 | tosco | indet. | x | | | 6 | 1 | 0 |
| 9 | LC57a9 | tosco | indet. | | x | | 6 | 0 | 0 |
| 10 | LC57a10 | indet.. | indet. | | x | | 1,6 | 0 | 0 |
| 11 | LC57a11 | Inka | borde, labio | | x | | 1,6 | 0 | 0 |
| 12 | LC57a12 | tosco | indet. | x | | | 6 | 1 | 0 |
| 13 | LC57a13 | tosco | indet. | x | | | 6 | 0 | 0 |
| 14 | LC57a14 | tosco | indet. | x | | | 6 | 0 | 1 |
| 15 | LC57a15 | tosco | cuerpo | | x | | 6 | 0 | 0 |
| 16 | LC57a16 | tosco | indet. | x | | | 6 | 0 | 0 |
| 17 | LC57a17 | tosco | indet. | | x | | 6 | 0 | 1 |
| 18 | LC57a18 | tosco | cuerpo | | x | | 6 | 0 | 1 |
| 19 | LC57a19 | indet. | indet. | | x | | 1,6 | 0 | 0 |
| 20 | LC57a20 | tosco | indet. | | x | | 6 | 0 | 0 |
| 21 | LC57c1 | FNG | tortero | x | | | 6 | 0 | 0 |
| 22 | LC57c2 | tosco | asa | | x | | 6 | 0 | 1 |
| 23 | LC57c3 | tosco | indet. | x | | | 6 | 0 | 0 |
| 24 | LC57c4 | FNG | cuerpo | x | | | 4,6 | 0 | 1 |
| 25 | LC57c5 | indet. | indet. | | x | | 6 | 0 | 0 |
| 26 | LC57c6 | tosco | indet. | x | | | 6 | 0 | 0 |
| 27 | LC57c7 | tosco | asa | | x | | 6 | 0 | 1 |
| 28 | LC57c8 | tosco | indet. | x | | | 6 | 0 | 0 |
| 29 | LC57c9 | tosco | cuerpo | | x | | 6 | 0 | 0 |
| 30 | LC57c10 | tosco | cuerpo | | | x | 6 | 0 | 1 |
| 31 | LC57c11 | FNR | cuerpo | | | x | 1,6 | 0 | 0 |
| 32 | LC57c12 | | | | | | | | |
| 33 | LC57c13 | tosco | indet. | x | | | 6 | 1 | 0 |
| 34 | LC57c14 | tosco | indet. | | x | | 6 | 0 | 1 |
| 35 | LC57c15 | tosco | cuerpo | | x | | 6 | 1 | 1 |
| 36 | LC57c16 | tosco | cuerpo | | x | | 6 | 1 | 0 |
| 37 | LC57c17 | tosco | cuerpo | | x | | 6 | 1 | 0 |
| 38 | LC57c18 | | | | | | | | |
| 39 | LC57c19 | tosco | cuerpo | | | x | 6 | 1 | |

| | | | | | | | | |
|---|---|---|---|---|---|---|---|---|
| 40 | LC57c20 | tosco | indet. | | x | | 6 | 0 | |
| 41 | LC57c21 | | | | | | | | |
| 42 | LC57c22 | tosco | indet. | | x | | 6 | 0 | 0 |
| 43 | LC57c23 | | | | | | | | |
| 44 | LC57c24 | | | | | | | | |
| 45 | LC57c25 | | | | | | | | |
| 46 | LC57c26 | FNG | cuerpo | | x | | 2,5,6 | 0 | 1 |
| 47 | LC57c27 | FNG | borde,labio,cuerpo | | x | | 4,5 | 0 | 1 |
| 48 | LC57c28 | indet.. | indet. | x | | | 1,6 | 0 | 0 |
| 49 | LC57c29 | tosco | asa | | x | | 6 | 0 | 1 |
| 50 | LC57c30 | tosco | cuerpo | | | x | 6 | 0 | 1 |
| 51 | LC57c31 | tosco | indet. | | x | | 6 | 0 | 1 |
| 52 | LC57c32 | | | | | | | | |
| 53 | LC57c33 | tosco | borde,labio,cuerpo | | | x | 5,6 | 1 | 0 |
| 54 | LC57c34 | indet. | cuerpo | | x | | 1,6 | 0 | 1 |
| 55 | LC57c35 | indet. | cuerpo | | x | | 1,6 | 0 | 1 |
| 56 | LC57c36 | tosco | asa | | x | | 6 | 0 | 1 |
| 57 | LC57c37 | | | | | | | | |
| 58 | LC57c38 | indet. | cuerpo | x | | | 6 | 0 | 1 |
| 59 | LC57c39 | indet. | cuerpo | x | | | 6 | 0 | 1 |
| 60 | LC57c40 | tosco | cuerpo | | x | | 6 | 1 | 0 |
| 61 | LC57c41 | indet. | cuerpo | | x | | 6 | 0 | 0 |
| 62 | LC57c42 | indet. | cuerpo | | x | | 6 | 1 | 0 |
| 63 | LC57c43 | tosco | indet. | x | | | 6 | 0 | 0 |
| 64 | LC57c44 | tosco | | x | | | 6 | 0 | 1 |
| 65 | LC57c45 | tosco | indet. | x | | | 6 | 1 | 0 |
| 66 | LC57c46 | | | | | | | | |
| 67 | LC57c47 | FNG | cuerpo | | x | | 6 | 0 | 1 |
| 68 | LC57c48 | tosco | indet. | | x | | 6 | 0 | 0 |
| 69 | LC57c49 | indet. | borde | | x | | 6 | 0 | 1 |
| 70 | LC57c50 | tosco | indet. | | x | | 6 | 0 | 1 |
| 71 | LC57c51 | tosco | indet. | x | | | 6 | 0 | 1 |
| 72 | LC57c52 | tosco | indet. | | x | | 6 | 0 | 0 |
| 73 | LC57c53 | FNG | cuerpo | | x | | 6 | 0 | 1 |
| 74 | LC57c54 | tosco | indet. | x | | | 6 | 0 | 1 |
| 75 | LC57c55 | FNG | cuerpo | x | | | 6 | 0 | 1 |
| 76 | LC57c56 | tosco | indet. | x | | | 6 | 1 | 1 |
| 77 | LC57e1 | tosco | indet. | x | | | 6 | 1 | 0 |
| 78 | LC57g1 | tosco | indet. | x | | | 6 | 1 | 1 |
| 79 | LC57g2 | tosco | indet. | x | | | 6 | 1 | 0 |
| 80 | LC57g3 | tosco | indet. | x | | | 6 | 1 | 0 |
| 81 | LC57g4 | tosco | cuerpo | | x | | 6 | 1 | 1 |
| 82 | LC57g5 | tosco | indet. | x | | | 6 | 0 | 0 |
| 83 | LC57g6 | tosco | indet. | x | | | 6 | 1 | 0 |
| 84 | LC57g7 | tosco | indet. | x | | | 6 | 1 | 0 |
| 85 | LC57g8 | indet. | indet. | x | | | 1,6 | 0 | 0 |
| 86 | LC57g9 | FNR | indet. | x | | | 1,6 | 0 | 0 |

| | | | | | | | | | |
|---|---|---|---|---|---|---|---|---|---|
| 87 | LC57g10 | tosco | indet. | x | | | 6 | 0 | 0 |
| 88 | LC57g11 | tosco | indet. | x | | | 6 | 0 | 0 |
| 89 | LC57g12 | tosco | borde | | x | | 6 | 1 | 0 |
| 90 | LC57g13 | tosco | indet. | | x | | 6 | 0 | 0 |
| 91 | LC57g14 | tosco | cuerpo | | x | | 6 | 1 | 1 |
| 92 | LC57g15 | tosco | cuerpo | | x | | 6 | 0 | 1 |
| 93 | LC57g16 | tosco | indet. | x | | | 6 | 0 | 0 |
| 94 | LC57g17 | tosco | cuerpo | | x | | 6 | 1 | 1 |
| 95 | LC57g18 | tosco | cuerpo | | x | | 6 | 1 | 1 |
| 96 | LC57g19 | tosco | cuerpo | | x | | 6 | 1 | 1 |
| 97 | LC57g20 | indet. | cuerpo | | | x | 6 | 0 | 1 |
| 98 | LC57g21 | tosco | indet. | | x | | 6 | 0 | 0 |
| 99 | LC57g22 | indet. | indet. | x | | | 6 | 1 | 1 |
| 100 | LC57g23 | tosco | indet. | x | | | 6 | 1 | 1 |
| 101 | LC57g24 | tosco | cuerpo | x | | | 6 | 1 | 1 |
| 102 | LC57g25 | tosco | cuerpo | | x | | 6 | 1 | 1 |
| 103 | LC57g26 | tosco | cuerpo | | x | | 6 | 1 | 1 |
| 104 | LC57g27 | tosco | cuerpo | | x | | 6 | 1 | 1 |
| 105 | LC57g28 | tosco | indet. | x | | | 6 | 0 | 1 |
| 106 | LC57g29 | tosco | indet. | x | | | 6 | 0 | 0 |
| 107 | LC57g30 | tosco | indet. | x | | | 6 | 0 | 0 |
| 108 | LC57g31 | tosco | cuerpo | | x | | 6 | 1 | 0 |
| 109 | LC57g32 | tosco | indet. | | x | | 6 | 1 | 0 |
| 110 | LC57g33 | tosco | borde | | x | | 6 | 1 | 0 |
| 111 | LC57g34 | tosco | indet. | | x | | 6 | 1 | 0 |
| 112 | LC57g35 | FNR | cuerpo | | x | | 1,6 | 0 | 0 |
| 113 | LC57g36 | tosco | indet. | x | | | 6 | 0 | 0 |
| 114 | LC57g37 | FNR | indet. | | x | | 6 | 0 | 0 |
| 115 | LC57g38 | tosco | cuerpo | | x | | 6 | 1 | 0 |
| 116 | LC57g39 | tosco | cuerpo | | x | | 6 | 0 | 0 |
| 117 | LC57g40 | tosco | cuepo, cuello | | x | | 6 | 0 | 0 |
| 118 | LC57g41 | tosco | indet. | | x | | 6 | 1 | 0 |
| 119 | LC57g42 | tosco | indet. | | x | | 6 | 0 | 0 |
| 120 | LC57g43 | indet. | indet. | | x | | 1,6 | 0 | 0 |
| 121 | LC57g44 | indet. | indet. | x | | | 6 | 1 | 1 |
| 122 | LC57g45 | tosco | indet. | | x | | 6 | 0 | 1 |
| 123 | LC57g46 | indet. | indet. | x | | | 6 | 1 | 1 |
| 124 | LC57g47 | tosco | indet. | | x | | 6 | 1 | 0 |
| 125 | LC57g48 | tosco | indet. | | x | | 6 | 1 | 0 |
| 126 | LC57g49 | tosco | indet. | | x | | 6 | 1 | 0 |
| 127 | LC57i1 | tosco | indet. | x | | | 6 | 0 | 0 |
| 128 | LC57i2 | tosco | indet. | x | | | 6 | 0 | 0 |
| 129 | LC57i3 | tosco | indet. | | x | | 6 | 0 | 0 |
| 130 | LC57i4 | tosco | indet. | | x | | 6 | 0 | 0 |

# South American Archaeology Series
## Edited by Andrés D. Izeta
e-mail: androx71@gmail.com

**No 1.** Izeta, Andrés D. 2007 *Zooarqueología del sur de los valles Calchaquíes (Provincias de Catamarca y Tucumán, República Argentina): Análisis de conjuntos faunísticos del primer milenio A.D. (British Archaeological Reports, International Series* S1612) Oxford. ISBN 978 1 4073 0054 2.

**No 2.** Bugliani, María Fabiana 2008 *Consumo y representación en el sur de los valles Calchaquíes (Noroeste argentino): Los conjuntos cerámicos de las aldeas del primer milenio A.D. (British Archaeological Reports, International Series,* S1774) Oxford. ISBN 978 1 4073 0215 7.

**No 3.** Marconetto, María Bernarda 2008 *Recursos forestales y el proceso de diferenciación social en tiempos Prehispánicos en el Valle de Ambato, Catamarca, Argentina. (British Archaeological Reports, International Series* S1785) Oxford. ISBN 978 1 4073 0216 4.

**No 4.** López, Gabriel E. J. 2008 *Arqueología de Cazadores y Pastores en Tierras Altas: Ocupaciones humanas a lo largo del Holoceno en Pastos Grandes, Puna de Salta, Argentina.* (British Archaeological Reports, International Series S1854) Oxford. ISBN 978 1 4073 0231 7.

**No 5.** Alconini, Sonia (Ed) 2008 *El Inkario en los Valles del Sur Andino Boliviano: Los Yamparas entre la arqueología y etnohistoria* (British Archaeological Reports, International Series S1868) Oxford. ISBN 978 1 4073 0235 5.

**No 6.** Mariana Dantas & Germán G. Figueroa 2008 *Análisis tecnológico y funcional del registro cerámico del Valle de Salsacate y pampas de altura adyacentes (Provincia de Córdoba, República Argentina)* (British Archaeological Reports, International Series S1869) Oxford. ISBN 978 1 4073 0236 2.

**No. 7.** Inés Gordillo 2009 *El sitio ceremonial de La Rinconada: Organización socioespacial y religión en Ambato (Catamarca, Argentina)* (British Archaeological Reports, International Series S1985) Oxford. ISBN 978 1 4073 0459 5.

**No. 8.** Guillermina Espósito 2009 *De clasificaciones y categorizaciones: Los objetos de metal del valle de Ambato, Catamarca, Argentina (600-1200 d.C* (British Archaeological Reports, International Series 2014) Oxford. ISBN 978 1 4073 0464 9.

**No. 9.** Claudio Javier Patané Aráoz 2009 *Arqueología de los Encuentros. Lo Inka y lo Local en el Pukara de las Lomas Verdes (Tafí del Valle, Prov. de Tucumán, República Argentina)* (British Archaeological Reports, International Series 2025) Oxford. ISBN 978 1 4073 0465 6.

**Distributors:**

BAR Publishing, 122 Banbury Road, Oxford OX2 7BP, England
Telephone: (0)1865 310431 : Fax: (0)1865 316916 : Email: info@barpublishing.com
Website: www.barpublishing.com

www.ingramcontent.com/pod-product-compliance
Lightning Source LLC
Chambersburg PA
CBHW041704290426
44108CB00027B/2846